Valentine

FABRÈGE-MONTAUD

Valentine

Fabrège-Montaud

(1870-1893)

MONTPELLIER

IMPRIMERIE CENTRALE DU MIDI

(HAMELIN FRÈRES)

———

1894

VALENTINE

FABRÈGE-MONTAUD

(1870-1893)

MONTPELLIER
IMPRIMERIE CENTRALE DU MIDI
(HAMELIN FRÈRES)

—

1894

A Madame Fabrège-Montaud

CHÈRE MADAME,

Permettez-moi de vous offrir ces lignes, malgré leur peu de valeur. Mon cœur les a dictées; le vôtre voudra bien les agréer comme un témoignage de ma tendre affection pour l'ange dont le souvenir sera toujours vivant parmi nous, et de mon dévouement respectueux.

M. AUTHEMAN.

Montpellier, le 2 novembre 1893.

LE DÉPART D'UN ANGE

VALENTINE
FABRÈGE-MONTAUD

(1870-1893)

LE DÉPART D'UN ANGE

Son âme était agréable à Dieu,
c'est pourquoi il s'est hâté de la
rappeler à lui.

(SAGESSE.)

Il s'est produit comme un touchant concert de regrets, le jour où Valentine Fabrège nous a quittés
pour un monde meilleur (1er mai 1893). Ce jour-là, je
ne crains point de le dire, notre cité presque tout entière a partagé l'affliction d'une famille douloureusement éprouvée.

L'ange qui venait de prendre son essor vers le ciel
était, à juste titre, l'objet du respect, de la sympathie
et de la vénération de tous ; oui, de la vénération,
car on savait, dans tous les rangs dè la société, avec

quel héroïsme la vaillante jeune fille avait traversé
les phases si pénibles de son long martyre ; on s'entretenait de sa ferveur séraphique, de sa résignation
vraiment sublime, de ses vertus, de sa fin si édifiante.

La mort a des rigueurs à nulle autre pareilles,

dit le poète. Elle est surtout par trop cruelle, quand
elle choisit de semblables victimes, qu'elle ne prend
en considération ni les espérances d'une radieuse jeunesse, ni les grâces les plus séduisantes, ni les qualités
les plus précieuses.

Nous l'avons trouvée inexorable, et cependant Valentine, après l'avoir appelée de tous ses vœux, l'a
saluée, non comme l'aurore de la délivrance, mais
comme celle du jour glorieux où elle allait pénétrer
dans cette Jérusalem après laquelle son cœur avait
ardemment soupiré, voir face à face ce Dieu dont l'a-
mour l'embrasait, s'enivrer des ineffables délices qui
sont le partage des élus.

Ah ! c'est que cette âme d'élite fut marquée de très
bonne heure du sceau des prédestinés. Épurée par la
grâce et par la souffrance, à l'âge où tant d'autres ne
songent qu'à jouir, elle appréciait toutes choses à leur
juste valeur : la terre lui paraissait un lieu d'exil ; le
ciel, son élément.

« Le juste ne doit pas craindre la mort, écrivait-
elle au printemps de la vie ; il doit la considérer comme
le terme de ses tentations, de ses épreuves, de ses
labeurs, dont il va recevoir la récompense éternelle. »

Elle pouvait l'envisager sans alarmes, car sa conscience lui rendait un témoignage bien consolant :
n'avait-elle pas marché constamment dans les voies du

salut ? Ce n'était point une ouvrière de la dernière heure : amasser des trésors pour l'éternité, telle fut sa constante préoccupation ; se sanctifier, le but vers lequel convergeaient ses désirs.

L'ardeur de sa foi lui montrait, dans tous les événements qui la concernaient, le doigt de Dieu, un appel de la grâce.

On lit, dans le recueil de ses pensées les plus intimes : « Dieu vient de me frapper dans mes affections les plus chères ; il me veut toute à lui ; il est jaloux de mon cœur, c'est pour cela qu'il coupe un à un les liens qui m'attachent aux créatures. Je dis donc à jamais du fond du cœur : *Fiat!* et je prie ma bonne mère du ciel de vouloir bien me soutenir. »

25 octobre 1885.

Ailleurs, elle insiste encore avec une nouvelle énergie :

« Mon Dieu, je veux tout ce que vous voudrez ; je tâcherai d'être prête à tous les sacrifices que vous exigerez de moi. Mon Jésus, je vous demande de me faire souvent souvenir de ces belles paroles : « Il n'y a pas de Jésus-Christ sans joug et de joug sans Jésus-Christ. »

Ce fut vraiment du fond du cœur qu'elle la dit, cette parole sublime : *Fiat!* Son existence, à dater de cette époque, peut se résumer en quelques mots : un acte de soumission parfaite à la volonté divine. Les épreuves se multiplièrent, le calice devint de plus en plus amer ; il fallut aller jusqu'à l'immolation, et toujours l'héroïque jeune fille répétait avec un invincible courage : *Fiat!*

Une voix plus autorisée que la mienne l'a déjà dit :
« Valentine Fabrège appartient désormais à l'histoire
religieuse de notre cité. »

(La Croix méridionale, 7 mai 1893.)

Cette vie si courte, mais si bien remplie, est digne
de servir de modèle aux jeunes filles.

Puisque la Providence a daigné me confier la mission de contribuer, dans la mesure de mes faibles ressources, à seconder l'action des familles auprès
d'elles, je veux proposer cet exemple à mes élèves,
persuadée qu'il sera pour toutes un sujet de profonde
édification et ne pourra que les porter à chérir de plus
en plus la religion capable de faire germer de telles
vertus, de produire de pareils actes d'héroïsme.

Puisse cette physionomie si douce, si suave, se
graver dans leur cœur.

Ce sera pour moi-même une grande satisfaction de
consacrer encore, comme autrefois, quelques heures
de mon temps à ma Valentine bien-aimée, un honneur
de rendre à sa mémoire ce modeste hommage.

Douze années d'une étude approfondie m'ont permis
de connaître à fond cette chère enfant ; je me pro-
pose de narrer mes souvenirs personnels, d'analyser
mes impressions la concernant. Je la montrerai tour
à tour au sein de sa famille, au Sacré-Cœur et dans
le monde ; puissé-je surtout exprimer dignement ce
qu'elle fut par rapport à Dieu. Cette esquisse d'une
existence si pleine de mérites sera bien pâle, bien imparfaite : le style ne s'élève pas toujours à la hauteur
de la pensée.

UNE ÉDUCATION CHRÉTIENNE

UNE ÉDUCATION CHRÉTIENNE

Valentine-Marie-Jeanne-Joséphine Fabrège naquit à Montpellier, le 14 mars 1870.

Je ne dirai rien de ses parents, si pieux, si sympathiques; je me bornerai, leur modestie m'interdisant tout éloge, à citer ces paroles d'un homme d'une haute valeur et qui me paraissent résumer l'impression générale : « Nous les estimions, nous nous honorions de leur amitié, mais quelque chose des mérites vraiment extraordinaires de leur enfant rejaillit sur eux et les grandit encore. »

Valentine se développa dans une atmosphère de tendresse et de piété. Elle reçut une éducation foncièrement chrétienne, qui la mit à même de répondre plus tard aux vues de la Providence sur elle.

On lui inspira, dès sa plus tendre jeunesse, un amour ardent pour la Vierge immaculée; on lui apprit à se montrer généreuse à l'égard de Dieu, à considérer la vertu comme le plus grand de tous les biens, à voir, dans les déshérités de ce monde, les membres souffrants de Jésus-Christ.

Elle répondit merveilleusement aux soins dont elle fut l'objet. On n'eut jamais à lui adresser le moindre reproche, à réprimer le plus petit défaut. Elle était ardente, enthousiaste, mais il suffisait de s'adresser à son cœur, de faire appel à sa raison, pour qu'elle se laissât guider avec docilité. L'obéissance devint même sa vertu favorite ; elle la pratiqua, sans jamais se lasser, dans toute sa sublimité, quoi qu'il lui en coûtât, comme le moyen d'accomplir toujours la volonté du souverain maître.

« L'obéissance, lit-on dans les notes que j'aime à citer, est la vertu que nous devons particulièrement cultiver, nous, jeunes filles. Partout où nous irons, nous trouverons une croix ; il faudra pourtant obéir. Au lieu de fuir, étendons-nous sur cette croix ; elle nous portera. »

« La charité, la pauvreté volontaire, la pureté sont très belles ; elles brillent au grand jour, tandis que l'obéissance est obscure ; il ne reste rien après elle ; de plus, elle contrarie souvent nos goûts ; mais elle est bien méritoire. »

Valentine grandit à l'ombre de l'antique basilique de Maguelone, rendue au culte par la piété de son père, et dont les mémorables souvenirs durent enflammer sa jeune imagination, en face de cette mer bleue qui nous parle si éloquemment du créateur de l'univers.

Elle avait toutes les grâces de l'enfance, son adorable ingénuité ; mais une maturité précoce l'élevait fort au-dessus des fillettes de son âge.

Elle n'agissait jamais à la légère, ne se répandait point en paroles inutiles : son âme était comme un sanctuaire où volontiers elle se renfermait.

Cette habitude de la réflexion porta ses fruits : Valentine se passionna, dès l'adolescence, pour tout ce qui est grand, noble et majestueux. Elle aimait les beautés de la nature, les sites pittoresques, les fleurs, les oiseaux ; elle se plaisait à voir les vagues tumultueuses se ruer les unes sur les autres et venir mourir sur la grève. On la voyait s'arrêter longtemps devant une coquille nacrée, un insecte brillant, ou suivre des yeux les évolutions capricieuses des nuages.

Son cœur, remontant de l'effet à la cause, déborda de reconnaissance envers l'auteur de ces merveilles et s'imprégna rapidement des effluves de l'amour divin.

Semblable aux lacs profonds dont les eaux limpides ne réfléchissent que l'azur du firmament, ce cœur, d'une admirable pureté, puisait au ciel toutes ses inspirations. Il s'y transportait souvent sur les ailes de la prière.

Faut-il s'étonner des progrès de Valentine Fabrège dans la vertu ? Mais c'était pour ainsi dire l'essence de cette nature d'élite ; elle y était portée par inclination. La vertu, elle l'aimait et la faisait aimer, car sa piété n'avait rien d'austère, rien de morose.

Merveilleusement douée au point de vue physique, la gracieuse enfant avait de plus une intelligence supérieure, le jugement droit et sûr, un grand fonds de bonté, une inépuisable charité. On était subjugué par ce je ne sais quoi d'angélique, d'immatériel qui se dégageait de toute sa personne et se lisait dans ses grands yeux si expressifs.

On eût dit que ses pieds effleuraient à peine le sol et que son âme planait dans les régions éthérées.

Un de ces esprits pratiques et froids qu'on ne saurait soupçonner d'avoir voulu faire du sentimentalisme, une des célébrités dont Montpellier se glorifie, le Dr Bouisson, ami de la famille Fabrège, dit un jour à la Sœur Saint-Claude, en parlant de Valentine : « Plus je l'étudie, plus je reste confondu. On vit rarement tant de qualités réunies. Je crains bien que cette chère enfant ne dépasse pas vingt-cinq ans : de pareils anges ne sont point créés pour la terre. »

Valentine était alors dans tout l'éclat d'une florissante jeunesse ; les premières atteintes de la maladie qui l'a moissonnée ne se produisirent que longtemps après.

Hélas ! ce triste pronostic devait se réaliser : le bouton donna les plus belles espérances et la fleur se brisa sur sa tige avant d'avoir exhalé tout son parfum.

Dieu se plaît à nous montrer, de loin en loin, quelques-unes de ces âmes privilégiées ; mais il se hâte de les rappeler à lui, comme s'il redoutait pour leur incomparable pureté le contact pernicieux du monde.

Valentine parut, plus que toute autre, l'enfant gâtée de la Providence ; la vie n'avait pour elle que des sourires, l'avenir semblait lui tenir en réserve une brillante destinée.

Beauté, talents, fortune, les qualités du cœur et celles de l'esprit, elle avait tout reçu : « Quand je la vis pour la première fois, me disait dernièrement un pieux ecclésiastique, je fus ébloui ; mais combien plus encore je fus édifié, lorsque je pus lire dans ce cœur si pur, qu'il me fut donné d'apprécier cette ardente charité, cet admirable détachement des choses d'ici-bas. Valentine Fabrège étonnait par la profondeur de ses vues, par l'élévation de ses pensées. »

Elle tenait à la fois de la vierge la plus chaste et de l'ange ; de la vierge, elle avait la grâce ingénue, la timidité craintive; de l'ange, le regard, l'adorable sourire, l'ineffable candeur.

La beauté morale ne répond pas toujours à la beauté physique; ici Dieu s'était complu dans le perfectionnement de son œuvre, car l'heureuse union de l'une et de l'autre faisait, de Valentine, une idéale jeune fille.

Une éducation tout à la fois éclairée, forte et prudente, lui fit acquérir la piété qui favorise l'épanouissement de toutes les vertus, le courage qui en est la sauvegarde, la sagesse qui permet de louvoyer parmi les écueils et d'atteindre le rivage protecteur.

L'AMOUR DE VALENTINE FABRÈGE

POUR SA FAMILLE

L'AMOUR DE VALENTINE FABREGE

POUR SA FAMILLE

—

Dieu éprouve surtout ceux qu'il aime et qui lui sont fidèles ; l'adversité fut toujours la pierre de touche de l'amour.

Les familles Fabrège et Montaud, si honorables, si chrétiennes, ont payé, dans une large mesure, leur tribut à la douleur.

Mme Montaud (Valentine) quitta cette vallée de larmes, en 1861, laissant le souvenir d'une remarquable beauté, d'un esprit supérieur ; M. Montaud lui survécut très peu ; Mlle Eugénie Montaud, jeune fille d'une grâce charmante, mourut à la fleur de l'âge ; Mme Fabrège fut rappelée à Dieu en 1872. C'était une âme noble et généreuse. Notre bien-aimée Valentine, quoique fort jeune à cette époque, n'oublia point les douces caresses de sa grand'mère. Elle lui garda un tel culte que, trois ans plus tard, le 2 novembre, on la surprit tout en larmes, après une nuit d'insomnie : « Aurais-je pu dormir, dit-elle, c'est le jour des morts ; je n'ai pensé qu'à grand'mère. »

Cette vive tendresse de Valentine pour sa famille s'accrut encore avec les années.

Ses parents, elle les chérissait de toutes les forces de son âme.

Je ne me rappelle point, sans une douce émotion, la touchante sollicitude, les soins affectueux dont elle entourait son vénérable grand-père. Elle avait pour lui des attentions d'une exquise délicatesse ; elle s'était constituée la compagne de ce bon vieillard ; elle jonchait de fleurs les dernières étapes de son existence : « Ma Valentine, disait-il, avec un légitime orgueil, est mon bâton de vieillesse, mon rayon de soleil. » Et souvent la neige de sa chevelure se mêlait aux boucles soyeuses de l'enfant, qui, heureuse du bonheur qu'elle lui procurait par ses caresses, les prodiguait sans jamais se lasser.

Vaillante et dévouée jusqu'au bout, Valentine s'installa courageusement à son chevet pendant sa dernière maladie ; elle soutint, par de sublimes consolations, ses forces défaillantes.

Ne croyez pas que sa piété se contentât d'adresser au ciel de ferventes prières : elle se montrait surtout impatiente de procurer à celui qu'elle aimait les secours spirituels. Certes, M. Frédéric Fabrège, profondément religieux, n'avait pas besoin de ce stimulant pour remplir son devoir à l'égard de son père ; mais Valentine s'alarmait du léger retard que l'on croyait nécessaire pour ménager la sensibilité du malade : « Oh ! disait-elle, je vous en supplie, avertissez-le assez tôt pour qu'il ait le temps de se disposer à paraître devant Dieu. L'extrême-onction le soulagera ; elle dissipera ses dernières alarmes ; elle lui apportera la paix. »

Valentine voulut le préparer elle-même à recevoir le prêtre et s'acquitta de cette pénible mission avec un tact surprenant.

Quand l'heure suprême vint à sonner, elle guida pour ainsi dire vers le ciel l'âme du moribond ; elle présenta le Christ à ses lèvres blémies ; elle fit briller à ses yeux le flambeau des immortelles espérances.

Cette enfant si impressionnable et qui n'avait jamais vu les affres de la mort puisa, dans sa ferveur, assez de force pour réciter d'une voix ferme les prières des agonisants. Elle médita longtemps près du défunt et ne se sépara de cette chère dépouille que lorsque le cercueil en reçut le dépôt.

La chrétienne qui témoignait d'une foi si édifiante avait à peine treize printemps.

Dix ans plus tard, elle devait solliciter, longtemps avant de se dégager des liens terrestres, les saintes huiles qui nous fortifient pour le dernier combat, faire en quelque sorte violence à son confesseur qui, retenu par un sentiment de pitié, abusé par une apparente amélioration, ne jugeait pas encore le moment opportun.

La pieuse sollicitude de Valentine, pour son grand-père, le suivit au delà du tombeau.

Il me fallut entrer dans les détails les plus explicites sur les moyens qui nous permettent de soulager les âmes du purgatoire, sur ce qui nous a été révélé de leurs rapports avec les âmes militantes et, plus d'une fois, je l'avoue, je fus embarrassée pour répondre à des questions dénotant une sagacité peu commune.

L'ange gardien de mon élève chérie dut enregistrer bien des œuvres satisfactoires ; elle les accomplissait avec toute la générosité d'un cœur aimant. Elle

multipliait les aumônes, les prières et surtout les com-
munions ferventes qui étaient pour elle une source de
consolations ; mais elle savait s'imposer aussi des
sacrifices. Je l'ai vue se priver de respirer le parfum
d'un bouquet de violettes, différer à dessein la lecture
d'une lettre ou d'un livre intéressant.

De pareils détails sembleront peut-être puérils ; je
les crois capables de mettre en relief la délicatesse
d'une âme d'élite.

La raison paraissait d'ailleurs avoir, chez cette enfant, devancé les années : presque toutes les fleurs
destinées à disparaître bientôt présentent des parti-
cularités qui les distinguent des autres. Elles gagnent
en éclat ce qu'elles perdent en durée.

Ce que fut, pour son père et pour sa mère, cette admirable jeune fille, qui pourrait le dire? C'étaient ses
confidents les plus intimes, les conseillers auxquels
son inexpérience se plaisait à recourir. La piété filiale
donnait à ses actes, même les moins importants, ce
caractère d'affectueuse déférence, de soumission absolue, de respect profond qui est le plus sûr indice
de l'amour. Oh! combien elle était heureuse de leur
témoigner sa reconnaissance! Comme son cœur se
dilatait sous le souffle de leur tendresse! Dès le berceau, elle comprit l'étendue, la générosité de l'amour
maternel.

Elle écrivit, à l'âge de neuf ans, ces lignes d'une
touchante naïveté :

«Chère Maman, la fête de l'Assomption est un bien
beau jour pour moi : c'est la fête de ma chère petite
mère.

» Je demande au bon Dieu que tu sois toujours très heureuse et qu'il te conserve ta belle santé.

» Où trouver une maman aussi bonne que toi? Car tu es trop bonne pour moi et je ne le mérite pas toujours. Tu ne cesses de me combler de gâteries.

» A l'avenir, pour faire plaisir à ma petite maman, que j'aime bien fort, je serai très obéissante et très sage.

» Quand tu me diras de faire quelque chose, je le ferai tout de suite; je te le promets.

» Adieu, chère Maman, je t'embrasse de tout mon cœur.

» Ta fille affectionnée,

» VALENTINE.

» Montpellier, 13 août 1879. »

La jeune fille fut toujours ce qu'avait été l'enfant : expansive et dévouée.

J'ai été souvent témoin de cette affection, mais je renonce à la décrire. Il est des sentiments d'une exquise délicatesse et dont la plume ne peut donner qu'une bien faible idée.

On peut appliquer à Valentine Fabrège ces paroles d'un grand roi : « Sa mort est le seul chagrin qu'elle ait occasionné à sa famille. »

Il n'était pas au pouvoir de la pauvre enfant de l'épargner à son excellent père, à sa tendre mère, et cette pensée désola son cœur généreux. Longtemps elle leur dissimula ses cruelles souffrances; elle voulait reculer le plus possible le moment où tout espoir les abandonnerait.

Elle éprouva les prémices de leur propre douleur.

S'oubliant elle-même, elle ne songeait qu'à la profonde affliction qu'ils allaient ressentir et les recommandait à leurs amis avec une insistance touchante.

Et vous, ma bien chère Eugénie, venez nous apprendre, à votre tour, si elle fut une sœur modèle. Montrez-nous Valentine veillant sur vous avec une sollicitude presque maternelle, redressant vos petites imperfections, vous frayant la voie de la vertu et vous invitant à marcher sur ses traces.

Vous aviez, pour cette sœur aînée, comme une déférence respectueuse ; elle vous dominait par sa haute raison, mais elle se mettait volontiers à la portée de la petite espiègle que vous étiez alors et partageait vos jeux avec une complaisance inépuisable.

Je la vois encore s'efforçant d'atténuer pour vous les aspérités de l'étude, se faire tour à tour écolière et revenir, pour exciter votre émulation, sur un terrain depuis longtemps exploré, sous-maîtresse pour hâter vos progrès.

Sa vigilance ne fut jamais en défaut ; partout et toujours vous en éprouvâtes les salutaires effets.

Ne craignez pas de nous initier aux scènes intimes dans lesquelles sa belle âme se dévoilait avec un charme indicible ; que, par vous, nous puissions pénétrer dans ce cœur si magnanime. Faites-nous part des nombreux sujets d'édification qu'elle vous donna ; transmettez-nous les précieux conseils que vous recueilliez si religieusement durant sa longue maladie : révéler de pareils trésors est presque un devoir.

Certainement sa douce influence, ses avis marqués

au coin de la sagesse, ses tendres exhortations contri-
buèrent à vous former à son image.

Quel profond déchirement pour Valentine, quand il
fallut vous séparer, à l'époque de votre première communion ! Elle connut, ce jour-là, les amertumes du
sacrifice. Il fut aussi bien grand de votre côté ; mais,
tandis qu'elle dominait sa douleur, vous ne pouviez maî-
triser la vôtre, vous l'exhaliez en termes touchants ;
elle faillit même compromettre votre santé. Le Sacré-
Cœur était pourtant un asile bien doux ; vous y aviez
retrouvé de secondes mères, de bonnes compagnes.

Il se passe parfois, au dedans de nous-mêmes, quelque chose d'étrange, d'incompréhensible : nous avons
pour ainsi dire l'intuition d'une souffrance à venir.
Hélas ! vous sembliez avoir le pressentiment d'une
autre séparation bien autrement douloureuse et vous
comptiez les minutes qui s'écoulaient loin de cette
sœur chérie.

Son dévouement se manifestait encore sous toutes
les formes : visites prolongées, lettres affectueuses,
surprises pleines de délicatesse, rien ne lui coûtait
pour adoucir votre chagrin.

Il fallut vous réunir : vous souffriez trop l'une et
l'autre ; dès lors vos âmes n'en firent pour ainsi dire
qu'une seule. Le plus petit nuage ne s'éleva jamais
entre vous deux ; vous vécûtes, côte à côte, dans une
douce quiétude, unies par une grande sympathie.
Vous agissiez de concert ; vous aviez les mêmes sentiments, les mêmes aspirations.

Une douloureuse épreuve, la fièvre typhoïde, vint
encore vous séparer. Pour la première fois, l'obéissance parut pénible à Valentine ; elle aurait voulu
braver la contagion et vous prodiguer de tendres

soins. Elle s'efforçait de vous consoler en vous écrivant tous les jours.

Vous conservez entre autres comme un souvenir bien précieux cette lettre, véritable monument de sa vive tendresse, où l'aimable enfant se lamente de ne pouvoir prendre votre place, d'être impuissante à vous soulager et déplore d'être réduite à faire pour vous de stériles vœux. Que dis-je : de stériles vœux ? Non, ils ne le furent point, ils ne pouvaient pas l'être, car elle connaissait la valeur de cette divine panacée qu'une bonté souveraine mit à notre disposition ; elle recourait nuit et jour à la prière et fut exaucée.

Vous saviez l'apprécier, cet amour ardent, généreux : que de preuves vous en avez reçues ! La plus probante à mes yeux est, sans contredit, le soin jaloux avec lequel Valentine mit tout en œuvre pour faire de vous un ange de vertu.

Contre une pareille affection, la mort fut impuissante ; elle vous environne encore de ses chaudes effluves. Les liens que le cœur, plus encore que la nature, avait formés ne se brisèrent pas. Vous le sentez bien : l'âme de Valentine plane sur vous ; sa touchante sollicitude est toujours en éveil et son action bienfaisante, pour s'exercer de plus haut, n'en est pas moins salutaire.

Cette sœur admirable continue auprès de vous son rôle d'ange tutélaire ; elle est, comme autrefois, l'inspiratrice de vos actes les plus méritoires ; son propre bonheur lui fait souhaiter ardemment d'assurer le vôtre.

Bénie soit la religion sublime qui apporte à nos cœurs de telles consolations !

———

UNE ÉLÈVE MODÈLE

UNE ÉLÈVE MODÈLE

———

Ce que fut Valentine Fabrège, on le sait bien dans la maison bénie où se forment tant de vertueuses jeunes filles, plus tard l'ornement et l'honneur de la société ; on y conserve le souvenir de cette ferveur qui donnait à son front comme un rayonnement le jour où, pour la première fois, elle s'assit au banquet des anges.

Les exigences d'une santé délicate ne lui permirent point de terminer son éducation au Sacré-Cœur ; mais elle resta sincèrement attachée à ses maîtresses. La plupart des fêtes la ramenaient auprès d'elles ; on combla ses vœux quand on l'admit au nombre des Enfants de Marie. Ce fut, pour son cœur, une double satisfaction : le titre, qui convenait si bien à sa piété, créait, entre elle et ces Dames, un lien de plus qu'elle bénissait.

Les profonds regrets, les lettres si touchantes que sa mort a provoquées, au Sacré-Cœur, prouvent combien elle y était appréciée.

Il m'appartient de proclamer aussi la valeur intellectuelle et morale de Valentine Fabrège, comme élève, puisque, dès 1881, sa famille me fit l'honneur de me la confier et que je l'ai guidée jusqu'à la fin de ses études.

J'ai vu beaucoup de jeunes filles, dans ma longue carrière ; il en est dont je suis fière, à juste titre, mais j'en ai très peu rencontré unissant, comme elle, à une intelligence d'élite, l'amour du travail, le désir de s'instruire, le sentiment du devoir, sous quelque forme qu'il se produisît : « Le devoir avant tout et le devoir toujours », disait-elle souvent avec Mme Barras. Elle fit, de cette devise, la règle de sa conduite et se plut à la graver sur des images, pour l'avoir constamment sous les yeux.

On eût cru cette chère enfant affranchie de l'étourderie, ordinaire apanage de la jeunesse, et ce n'est point à elle qu'il fut jamais besoin de rappeler cette maxime latine : « *Age quod agis*. Faites ce que vous faites. » Elle apportait en effet à tout ce qu'elle faisait une volonté persévérante, une application soutenue, un esprit désireux de tout approfondir, une ardeur qu'il fallait souvent réprimer.

Malheureusement les forces physiques ne répondent pas toujours à l'énergie morale. Valentine avait de fréquents maux de tête. Si je m'en apercevais, j'exigeais qu'elle se reposât, mais la vertueuse enfant s'exerça de bonne heure à lutter contre la souffrance. Elle recourait à de pieux subterfuges pour me donner le change. Le mal l'emportait quelquefois ; elle s'en excusait comme d'une faiblesse et promettait de rattraper le temps perdu : « Nous dégénérons, disait-elle en souriant, nous ne pouvons plus rien supporter. Quand je m'appesantis sur la vie des saints, je suis honteuse de mon peu de courage. »

C'était un vrai charme pour moi de cultiver cette riche nature, une bien douce satisfaction de recueillir les témoignages de sa reconnaissance.

Certes, ils ne me firent jamais défaut ; mais aussi combien je l'aimais ! Valentine prit toujours part à mes chagrins ; je ressentis chacune de ses afflictions ; quand la mort nous la ravit, je compris, mieux que jamais, à l'intensité de ma douleur, que cette enfant était pour moi bien plus qu'une élève de prédilection.

Elle triomphe avec les glorieuses phalanges, et je porte encore le poids du jour ! Je me surprends à l'invoquer ; oui, je l'appelle souvent à mon aide et n'hésite point à déclarer que je lui dois déjà beaucoup.

Valentine avait de réelles dispositions littéraires ; elle écrivait d'une façon charmante, — j'en appelle aux nombreuses lettres qui forment un précieux recueil et dénotent autant d'esprit que de cœur, — mais son style, souple et gracieux, ne connaissait ni l'emphase, cette fille de l'affectation, ni les subtilités d'un langage artificieux. Simple et modeste par nature, elle ne visait point à produire de l'effet ; elle se préoccupait beaucoup plus du fond que de la forme et laissait volontiers sa plume courir comme au hasard ; toutefois cette plume savait choisir les sentiers où elle s'engageait, s'adapter à toutes les circonstances et se montrer toujours à la hauteur de sa tâche.

L'aimable enfant trouvait sans effort le mot propre à rendre nettement sa pensée, celui qui pouvait faire le plus de plaisir ou laisser l'impression la plus favorable.

Rien de banal, mais aussi rien de sentencieux, ni de satirique dans cette correspondance : ce sont les causeries d'une charmante jeune fille, déversant le trop-plein de son cœur dans un cœur ami, pensant tout haut, s'oubliant habituellement pour ne songer qu'aux autres.

M. et Mme Fabrège, persuadés, avec raison, que les voyages sont le complément de toute éducation soignée, parcoururent une partie de l'Europe avec leurs enfants. Valentine visita successivement Rome, Vienne, Genève, Paris et Londres ; elle se plut à noter ses impressions ; c'est ainsi qu'elle écrivit ses voyages en Italie, en Autriche, en Suisse, en France, en Angleterre. Ce sont des peintures fidèles où se révèlent des connaissances vraiment étonnantes au point de vue historique, architectural et même archéologique, l'esprit d'observation, une âme impressionnable.

Quand un monument attirait son attention, elle en recherchait l'origine ; elle aimait qu'on lui racontât les péripéties qu'il avait traversées, les événements dont il avait été le théâtre.

On pouvait autour d'elle la renseigner sûrement : chacun sait que M. Fabrège a le plus vif attrait pour les glorieux souvenirs du passé; il excelle à les faire revivre.

Les abbayes de Fontevrault, de Cluny, de Luxeuil, le château de Chambord, la cathédrale de Reims, Montmartre, Rome, Westminster, Cantorbéry, inspirèrent à Valentine des pages toutes vibrantes, les unes d'un vif attrait pour l'art, les autres d'un sentiment d'admiration pour les religieux auxquels les lettres sont redevables de tant de bienfaits ; celles-ci flétrissent la violence et l'ambition, celles-là exaltent les grandeurs de l'Église catholique ; toutes révèlent un jugement droit et sûr.

Valentine aimait passionnément la France ; l'Italie excita son enthousiasme ; la brumeuse Angleterre, avec ses immenses manufactures, ses larges voies, ses palais somptueux, provoqua son étonnement ; elle admira les beautés sauvages et grandioses de la Suisse ; seule l'Autriche la trouva tout à fait indifférente. C'est, de toutes les contrées qu'elle a parcourues, celle qui lui parut la moins intéressante, ou plutôt elle en avait conservé un souvenir presque douloureux. Il est vrai que Mme Fabrège y fut très souffrante d'une ophtalmie qui donna de grandes inquiétudes à sa famille.

Chez notre douce Valentine, les impressions étaient presque ineffaçables lorsqu'il s'agissait de ses affections ; son cœur gardait longtemps l'empreinte qu'il avait reçue.

L'Autriche, qu'elle ne séparait pas de l'Allemagne, lui inspirait peu de sympathie ; elle employait, elle d'ordinaire si indulgente, des termes énergiques pour témoigner son aversion. Quand on la mettait sur ce chapitre-là, elle était vraiment bien amusante ; elle critiquait la médecine, les médecins, les mœurs des bords du Danube avec une verve comique.

Ce fait, insignifiant en apparence, prouve surtout la vive tendresse de Valentine pour son excellente mère et son instinct patriotique : c'est à ce double titre que j'ai cru devoir le relater ici.

Un charmant souvenir se rattache, pour nous, à la ville de Londres.

Les deux rives de la Tamise sont réunies, dans le voisinage de la Tour, par un colossal tube en fer, le *Tower-Subway*, mesurant 373 mètres de long, sur

2^m,20 de diamètre. Il y a, aux deux extrémités, un
escalier tournant de 96 degrés. L'air y est très lourd;
la lueur blafarde de quelques becs de gaz ne triomphe
point de l'obscurité; il faut marcher presque à la file
indienne: c'est dire que ce passage n'offre rien d'at-
trayant; néanmoins il est beaucoup plus fréquenté
qu'on ne saurait le croire.

Valentine fut toute joyeuse de s'y engager avec ses
parents; la nouveauté plaît toujours à la jeunesse.
Mais ne voilà-t-il pas qu'une certaine frayeur s'empara
d'elle, à un moment donné : il lui semblait qu'elle ne
pouvait plus respirer, qu'elle ne sortirait pas vivante
de cet horrible tunnel; son imagination le peuplait
peut-être d'arachnides et de reptiles. Ses jambes
flageolaient; elle ne pouvait ni avancer ni reculer.
Une lady qui se trouvait tout près d'elle eut pitié de
ses alarmes, et, passant obligeamment son bras sous
le sien, la soutint et la rassura.

Ce n'était là qu'une action bien naturelle; pourtant
Valentine en fut si touchée, qu'elle détacha sa broche
et la remit à la fille d'Albion, en la priant de considérer ce modeste bijou comme un témoignage de sa
reconnaissance.

Tout commentaire serait superflu; une telle délicatesse est caractéristique.

Valentine avait la bonne habitude, contractée depuis de longues années, de résumer les sermons
qu'elle entendait, d'en retenir la substance, pour en
faire plus sûrement son profit, d'écrire ses résolutions

et les conseils qu'elle avait reçus dans quelques circonstances particulières.

Il est regrettable que sa modestie lui ait imposé
l'obligation de détruire, quand elle s'est vue dange-
reusement malade, la plupart de ces pages si édifiantes ; mais il nous reste une partie des perles et des
pierres précieuses qui formaient ce trésor spirituel.

Ce qui domine dans ce mémorandum, écrit au jour
le jour, c'est la pensée constante de la mort, la crainte
du jugement dernier, le pressentiment d'un grand sacrifice exigé par Dieu, l'acquiescement complet à cette
volonté souveraine, la nécessité de faire, à la hâte,
une ample moisson de mérites.

On me saura gré d'en citer quelques extraits :

« La mort n'épargne personne ; depuis le petit enfant
jusqu'au vieillard, elle frappe toujours ; elle ne fait
attention à rien. Elle nous sépare de tout, des richesses, des honneurs, de nos amis et de nos parents ;
nous sommes obligés de tout quitter. »

« Autant la mort est heureuse pour le juste la con-
sidérant comme le vestibule qui conduit au ciel, autant
elle est terrible pour le pécheur. »

» Quand nous aurons cessé de vivre, Dieu fera notre
inventaire ; tant mieux s'il est à notre avantage, mal-
heur à nous, si le fardeau de nos iniquités nous accable ! »

« Nous éviterions beaucoup de fautes, si nous nous
mettions dans la tête que ce Dieu, qui scrute les cœurs
et les reins, jugera un jour toutes nos actions et jusqu'à nos plus secrètes pensées. Il nous demandera un
compte sévère de notre vie ; rien ne lui échappera. »

(Mission donnée à Saint-Denis, en 1835.)

L'ingratitude criante du pécheur avait frappé cette âme généreuse : « Écoutez avant d'abandonner Dieu, écrivait-elle, dans son indignation, descendez au dedans de vous-même et soyez votre propre juge. Il est juste que vous lui rendiez ce qu'il vous a donné pour son service. Rendez-lui cette intelligence qui devait vous servir à le connaître, rendez-lui ce cœur qu'il vous a donné pour l'aimer, rendez-lui vos pieds et vos mains dont vous deviez faire un bon usage, rendez-lui votre langue qu'il vous a donnée pour le prier. »

Que reste-t-il? Le néant. Dites au néant de se révolter. »

. . . .

« Est-il juste, mon Dieu, qu'on se serve, pour vous offenser, des biens que vous avez libéralement accordés, qu'on en use contre vous ! »

« Que dirait-on d'un soldat qui ferait usage de ses armes contre sa patrie, au lieu de la défendre? Évidemment ce serait un lâche. »

Relevons encore cette pensée, féconde en sublimes enseignements :

« Dieu, en nous créant, nous a donné une mission ; c'est à nous de la remplir. Elle sera peut-être bien difficile ; nous nous découragerons, nous aurons de grandes défaillances ; toutefois, si nous marchons dans la voie que Dieu nous a désignée, nous n'aurons rien à craindre, car Jésus-Christ sera là pour nous relever et nous fortifier. Il ne nous délaissera pas ; il tient trop à nous : nous lui avons coûté si cher !

» Chaque âme doit donc tracer un sillon ; pour les unes, il est superficiel ; pour les autres, il doit être creusé profondément, arrosé de bien des larmes ; mais il y a pour nous une grande joie, c'est que Jésus-Christ ne nous abandonnera jamais. Nous autres, nous pourrons nous éloigner de lui, Dieu ne s'éloignera pas ; il restera là généreusement à nous attendre. »

« Je l'ai aimé d'un amour éternel, est-il dit dans nos Saintes Ecritures, c'est pourquoi je l'ai appelé. »

(Retraite préchée par le R. P. Clavé.)

Elle semble savourer les consolations de cette ineffable promesse ; elle aime à se la répéter sous des formes multiples ; elle poursuit :

« Dites-vous bien, quand votre cœur n'en pourra plus, quand la douleur et le découragement l'étreindront : « Jésus, mon Maître, viendra, car son cœur connaît ma faiblesse et voit mes efforts. »

Plus loin, elle pousse ce cri d'amour : « Jésus, c'est la lumière, c'est la force, c'est le salut de mon âme. »

Ailleurs, après avoir longtemps médité sans doute sur le sommeil de Jésus, dans cette barque où les disciples luttèrent en vain contre le déchaînement des forces de la nature, béni la toute-puissance du Sauveur commandant aux flots courroucés, elle déduit, de cette admirable scène, une conclusion qui dut se présenter souvent à son esprit :

« Ainsi en est-il de la pauvre âme qui lutte contre les orages du monde et des passions qui sont en elle : au moment où elle va défaillir, le Christ lui-même, pour l'amour duquel elle a souffert, vient conduire sa barque au port. »

Jésus-Christ, l'éternel Médiateur des hommes, leur divin Rédempteur, elle l'appelle sans cesse à son aide ; elle note soigneusement cette pensée : « Le prophète s'écrie : Le Christ dit de bonnes choses à Dieu pour la pauvre humanité dont il connaît les misères. »

Cueillons encore cette fleur spirituelle : « Nous avons tous un défaut dominant qui est la source de nombreuses infidélités ; il importe de le combattre. Pour y parvenir plus sûrement, il faut prier beaucoup et demander conseil. Je crois reconnaître que le mien c'est la susceptibilité, voilà mon Goliath. Je suis bien faible pour le vaincre ; mais je viens, comme David, avec la force de Dieu, c'est-à-dire avec sa grâce, donc je suis toute-puissante. »

Et cette autre qui nous donne le secret de sa douceur, de sa bienveillance :

« Pourquoi ne pas commencer ici-bas le noviciat du Ciel où tout n'est qu'amour ? Aimons nos parents, nos amis et nos ennemis, car nous sommes tous frères. Notre-Seigneur Jésus-Christ ne nous en a-t-il pas donné lui-même l'exemple ? Il est né dans une crèche, il est mort sur la croix uniquement par charité. »

Impossible de tout mentionner, il faut savoir se borner, mais je ne puis résister au désir de méditer un instant, avec Valentine, sur ces paroles de l'*Imitation :* « La tentation, c'est la vie ! »

« Il y a des personnes qui se font, de la tentation, une idée effrayante ; elles ont grandement tort : c'est un bienfait de Dieu. Comment pourrions-nous, sans elle, lui prouver notre fidélité ? Quel mérite aurait l'homme, s'il ne combattait pas ? On ne donne pas la croix au soldat avant qu'il ait montré ce dont il est capable. »

« La tentation, c'est la lutte de l'âme et des sens. Elle fait éclater notre énergie morale, notre foi, l'amour que nous avons pour Dieu ; elle nous rend dignes des récompenses qui sont le prix de la vertu. »

« Notre-Seigneur ne nous prescrit pas de demander à Dieu de nous préserver de toute tentation, mais seulement de solliciter la grâce de n'y point succomber. »

N'est-il point fâcheux qu'une main, plus complaisante que judicieuse, ait livré aux flammes la plupart des travaux littéraires de notre bien-aimée ?

Voyons quel aliment Valentine Fabrège donnait à son esprit.

Elle aimait beaucoup la lecture, c'était son délassement favori ; mais elle apportait, dans le choix des livres, un scrupule plein de délicatesse.

Elle n'en lut jamais aucun sans avoir consulté des personnes capables de la renseigner sur la valeur morale des ouvrages qu'elle désirait connaître. De préférence, elle recourait à son guide spirituel ; elle en avait pris d'ailleurs la résolution formelle, pendant une retraite qu'elle avait faite, je crois, au monastère de Sainte-Ursule, en 1885.

A la suite des pensées que ce saint exercice lui avait suggérées, se trouvent ces mots :

« Je ne lirai jamais rien sans en demander la permission à mon confesseur. »

L'*Imitation de Jésus-Christ* faisait ses délices :

« C'est étonnant, me disait-elle, comme ce livre admirable offre un baume à toutes les blessures, renferme des conseils pour toutes les situations et répond toujours aux besoins de l'âme. »

Elle me priait souvent de l'ouvrir au hasard ; j'accédais de grand cœur à son désir, Eugénie aussi ; la pieuse enfant triomphait quand nous reconnaissions l'à-propos du passage que la Providence nous avait mis sous les yeux.

Quelquefois nous nous plaisions à la taquiner; elle réfutait alors avec beaucoup de calme et de bon sens les arguments que nous lui opposions.

Cette âme délicate ne pouvait qu'apprécier le style onctueux, suave et fleuri, du saint évêque de Genève. L'*Introduction à la Vie dévote* la charmait; elle en subit la salutaire influence. On retrouve, dans mainte circonstance de sa vie, la mise en pratique des conseils qu'elle y avait puisés; j'en rappellerai deux : la sagesse qui préside au choix du confesseur appelé à remplacer M. l'abbé Besson et le soin méticuleux avec lequel Valentine scrute le fond de sa conscience, pour connaître sa vocation.

Le *Bonheur à la Table sainte* lui procura de douces émotions et lui permit peut-être de goûter, dans leur plénitude, les délices du banquet eucharistique.

Des lectures moins attrayantes, surtout pour une jeune fille, ne l'effrayaient point : je l'ai vue avec surprise, non parcourir, mais analyser Ozanam.

L'arc ne doit pas rester constamment tendu; Valentine le savait, aussi recourait-elle volontiers à une littérature plus propre à délasser l'esprit, souvent même tirée du domaine de la fantaisie, mais toujours irréprochable.

Les conversations de cette chère enfant offraient un charme inexprimable; tout ce qu'elle disait paraissait en quelque sorte revêtu de suavité.

Sa voix, délicieusement timbrée, avait des inflexions d'une douceur infinie; son regard était une caresse.

Près d'elle, les heures s'écoulaient rapidement; elle avait le don de les faire paraître très courtes.

Valentine trouvait en elle-même de nombreuses ressources contre l'ennui, ce dangereux ennemi des

jeunes filles. Elle était laborieuse au point de ne jamais
consentir à perdre une minute. Elle travaillait pour ses
parents, pour ses amies et surtout pour les pauvres.
Oh ! les indigents, elle eût voulu pouvoir tous les se-
courir, quand les rigueurs de l'hiver se faisaient
sentir. Combien c'était touchant de la voir coudre des
layettes ou tricoter de petites robes, qu'une mondaine
aurait trouvées bien informes, mais que les anges con-
templaient avec ravissement !

Les beaux-arts exercent une véritable attraction sur
les natures sensibles et délicates. Plus l'enveloppe est
frêle, plus l'âme se dégage de la matière et s'harmo-
nise avec le beau, plus elle est susceptible d'enthousiasme et rêve l'idéal.

Valentine aimait beaucoup la musique ; elle acquit,
sous l'habile direction de Mme Borne, un véritable ta-
lent, arrêté trop tôt dans son essor.

Pour se dédommager de renoncer au piano, quand
elle fut malade, elle entreprit une nouvelle étude ; elle
voulut jouer de la guitare.

Un jour, Mlle Bérard, Mlle Saint-Pierre, Mlle Du-
mont et moi, nous étions groupées auprès d'elle, à la
villa Lamartine, dans cette chambre où si longtemps
l'héroïque enfant prépara les fleurons de sa couronne.
Mue par une obligeante pensée, elle nous parla de
son professeur, M. Savoyardi, dont elle vanta la mé-
thode rapide et sûre.

On la pria de se faire entendre ; elle y consentit
avec une grâce charmante, et, tandis que les cordes
vibraient sous ses doigts fuselés, son regard semblait
plonger dans l'infini.

Elle nous parut une nouvelle Cécile, empruntant au ciel de séraphiques harmonies.

Elle fuyait la musique bruyante; son jeu était suave, comme toute sa personne.

De même, en fait de peinture, elle choisissait toujours des sujets gracieux et sympathiques.

Les sciences abstraites n'exerçaient pas beaucoup de séduction sur l'esprit de Valentine; en revanche, elle avait, pour l'histoire, une prédilection contre-balancée néanmoins par son goût pour la botanique.

Les fleurs étaient ses amies, ses favorites; elle voulait en être constamment entourée.

Étudier ces ravissantes productions de la nature, n'est-ce point encore adorer la toute-puissance du Créateur ?

L'AME DE VALENTINE

ACCESSIBLE A TOUS LES NOBLES SENTIMENTS

L'AME DE VALENTINE

ACCESSIBLE A TOUS LES NOBLES SENTIMENTS

———

L'amitié, ce reflet du Ciel tombé sur l'humanité, allège le fardeau si lourd des vicissitudes humaines ; elle égaye notre triste pèlerinage ; c'est l'aliment du cœur.

Valentine en fit la douce expérience, car elle avait toutes les qualités qui inspirent un attachement durable et sincère ; de même, elle savait aimer, se dévouer, déverser les trésors de son inépuisable bonté.

Ce qu'elle fut pour ses nombreuses amies, on le comprend sans peine : vit-on jamais de plus touchantes sympathies se grouper autour d'une jeune malade ? Quel admirable concert de prévenances, d'affection, de tendre intérêt ! A l'heure de l'épreuve, la villa Lamartine devint comme une lice où chacun faisait assaut de générosité. Valentine était bien digne de ces consolations.

Parlerai-je de son affabilité pour tous, de son indulgence pour les défauts d'autrui, de sa discrétion, de son tact ; mais je n'apprendrais rien à personne, pas plus qu'en m'attachant à mettre en relief son inépuisable charité, faite de dévouement, de tendresse et de commisération.

Je veux pourtant insister sur la manière délicate avec laquelle l'aumône s'épanchait de ses mains libérales.

Elle ne se contentait point de donner de l'argent; elle y joignait de bonnes paroles, des encouragements qui allaient droit au cœur de ceux qu'elle assistait.

Elle aimait vraiment les pauvres.

Je me rappelle dans quels termes émus elle me parlait d'une malheureuse jeune femme, devenue subitement aveugle et réduite, pour nourrir sa famille, à exercer en plein air, dans la rue de l'Argenterie, un négoce des moins lucratifs.

Il y avait aussi, parmi ses favoris, un octogénaire pour lequel elle montrait une touchante sollicitude. Avec quel bonheur elle faisait l'ascension de son humble mansarde ! Comme elle était heureuse quand des larmes de joie ruisselaient sur les joues flétries du vieillard ! Oui, il était délicieusement ému, le brave homme, en présence de cet ange qui personnifiait à ses yeux la charité sous la forme la plus séduisante.

Pour témoigner sa reconnaissance, il promettait de se rapprocher de Dieu et bégayait les prières oubliées sans doute depuis de longues années.

Cette œuvre, Valentine la continua tant que ses forces le lui permirent ; sa dernière visite fut pour cet indigent, la veille du jour où les médecins lui prescrivirent le repos.

Ce fut alors au vieillard à venir la trouver.

Rien de touchant comme ces entretiens d'une belle jeune fille, inclinée déjà vers la tombe, et d'un pauvre vieux qui atteignait, lui aussi, le terme de son existence. Il est mort quelques mois avant notre bien-aimée Valentine.

Elle lui souriait, s'informait de ce dont il avait besoin, lui parlait du bon Dieu. Il la regardait comme une madone, avec une naïve admiration, les mains presque jointes, la bouche entr'ouverte par une sorte de ravissement.

Cette attitude extatique égayait notre chère malade.

Les enfants lui inspiraient une vive tendresse. Elle s'intéressait à la crèche de Saint-Pierre, aux orphelins des Franciscaines, aux pensionnaires du Nazareth.

Pour procurer des ressources à cet établissement de bienfaisance, trop souvent délaissé, elle ne recula point devant les fatigues des quêtes faites à domicile.

Elle songeait avec chagrin à ces déshérités dont personne ne s'occupe, au point de vue spirituel; son zèle religieux les découvrait jusque dans l'isolement où les retenaient l'incurie et l'insouciance de leurs mères. Elle considérait comme un devoir de leur enseigner le catéchisme.

Elle avait pris surtout en affection une petite fille de la paroisse Saint-Denis; il fallait voir avec quelle patience, quelle douceur, elle la préparait à faire sa première communion. Un jeune prêtre, un apôtre capable de tous les sacrifices pour gagner des âmes à Jésus-Christ, fut profondément édifié par le spectacle du courage admirable avec lequel la vaillante catéchiste dominait ses cruelles souffrances pour s'adonner tout entière à cette tâche laborieuse et montrer à son élève un visage souriant.

Puisqu'il m'a fait l'honneur de me communiquer ses impressions, il voudra bien me permettre de citer ses propres paroles: « Je me suis trouvé là un jour de catéchisme, me dit-il, je n'oublierai jamais le tableau qu'il me fut donné de contempler. Que c'était beau ! Valentine disposant le cœur de cet enfant à devenir le sanctuaire du Roi des rois, était comme l'ange de la Virginité, qui prépare le cœur des vierges à recevoir l'Agneau de Dieu. »

Valentine avait beaucoup de sympathie pour les petites filles aveugles ou sourdes-muettes ; il fallait qu'on les lui amenât ; elle éprouvait un réel plaisir à leur distribuer des friandises et des jouets.

Je rencontrai, l'année dernière, à la villa Lamartine, tout un essaim de ces infortunées ; elles étaient heureuses d'entourer leur jeune bienfaitrice, sachant bien que cette visite la consolerait.

Étendue dans la voiture où nous l'avons vue si résignée, chastement enveloppée d'une longue robe blanche, notre bien-aimée les reçut à l'ombre d'un cèdre, au milieu d'un véritable berceau de fleurs. C'était à qui s'approcherait le plus d'elle, à qui la verrait le mieux ou l'entendrait.

Elle abandonnait ses mains à leurs baisers, se délectait de leur joie, souriait de leurs naïves réflexions.

Cette charmante scène était digne de tenter la palette d'un artiste.

Ce que j'en ai retenu surtout, c'est l'admiration respectueuse de Valentine pour les nobles filles de Saint-Vincent-de-Paul, dont le dévouement à toute épreuve triomphe de si grandes difficultés, qu'elles paraîtraient insurmontables sans le puissant levier de l'amour divin et le stimulant de la récompense éternelle.

Et comme je lui faisais part de mes réflexions :

« Ah ! s'écria-t-elle, ce ne sont pas des institutrices, ce sont des mères. « Puis, se reprenant, de crainte qu'une fausse interprétation de cette pensée ne me fît de la peine : « Il y a, il est vrai, ajouta-t-elle, en m'embrassant avec effusion, des institutrices qui, sans être des religieuses, sont de vraies mères pour leurs élèves. »

Quelle délicatesse et quel tact dans ce peu de paroles !

Le dévouement, l'abnégation, Valentine les appréciait sous quelque forme qu'ils se produisissent ; ils excitaient son enthousiasme. Ah ! le dévouement surtout, elle était apte à le comprendre, pour l'avoir souvent pratiqué.

Il fallait l'entendre parler du mérite des bonnes Sœurs garde-malades ! Elle trouvait des accents vraiment sublimes pour exalter le courage avec lequel on les voit affronter les épidémies, surmonter les répugnances de la nature et voler au soulagement des misères humaines.

Il est vrai qu'elle avait éprouvé la valeur de ces anges de charité ; mais aussi elle avait inscrit en lettres d'or, dans son cœur, des noms que ses lèvres redisaient toujours avec une pieuse reconnaissance. Sœur Marie du Crucifix, Sœur Bruno, qu'elle a vues si dévouées à son chevet, et vous aussi, vénérable Mère de cette vaillante milice qui rend d'innombrables services à la société, Sœur Sainte-Croix, réjouissez-vous : vous comptez au ciel une protectrice de plus ; Valentine Fabrège acquittera noblement sa dette.

Obligeante par nature, elle faisait le bien pour le bien lui-même et non en vue d'en retirer quelque avantage personnel. Elle perdait vite le souvenir des

4

obligations qu'on avait contractées à son égard, mais sa mémoire était toujours fidèle, quand il s'agissait des bienfaits qu'elle avait reçus.

Elle ne fut ingrate à l'égard de personne.

L'année dernière, alors que des souffrances aiguës lui laissaient bien peu de moments de répit, elle se fit une joie d'offrir à Mme la Supérieure générale de l'Ordre de Notre-Dame-Auxiliatrice, dont c'était la fête, une image qu'elle avait peinte à son intention et sur laquelle on lisait ces mots renfermant une délicate allusion :

> La croix toujours fut le partage
> Des cœurs nobles et généreux.
> Que, pour vous, elle soit le gage
> De la félicité des cieux !

Cette année-ci, voyant ses forces décliner rapidement, elle comprit qu'elle serait au Ciel le 3 mai, fête de l'Invention de la Sainte-Croix. Elle voulait, la dernière semaine qu'elle a vécu, devancer le jour de cette fête et offrir un bouquet à la Révérende Mère.

Il fallut, pour la faire renoncer à cette satisfaction, lui représenter la douleur que ce triste pressentiment causerait à sa famille.

Je rends hommage à la vérité en rappelant ici la vénération toute particulière de Valentine pour les admirables Petites-Sœurs des Pauvres. Elle aimait les vieillards, en mémoire de son grand-père et sans doute aussi parce qu'ils ont pour patron saint Joseph qui lui inspirait une grande dévotion — elle a demandé instamment, à son lit de mort, que le glorieux époux de la Vierge Marie fût, à Maguelone, l'objet d'un culte

particulier —; elle s'apitoyait sur les tristesses insé-
parables de la décrépitude.

Je serais injuste envers cette charitable enfant si
j'oubliais que, pour m'être agréable, elle secourait, en
payant une quotité, les malades indigents de la paroisse Sainte-Eulalie et contribuait généreusement
à la tombola que mes élèves ont l'habitude d'orga-
niser, chaque année, en faveur des vieillards.

Il serait d'ailleurs bien difficile de citer un noble
sentiment qui n'ait pas trouvé place dans son âme,
une œuvre de bienfaisance qui n'ait point éveillé sa
tendre sympathie, une misère qu'elle ait connue sans
la soulager.

VALENTINE FABRÈGE

DANS LE MONDE

VALENTINE FABREGE DANS LE MONDE

« Sa réputation, dit saint François de Sales, est l'enseigne de la vertu. » Quand on veut juger une jeune fille, il ne faut pas se contenter de la voir dans sa famille, au pensionnat ou même à l'église : il importe de savoir comment elle agit dans le monde et l'impression qu'elle y produit.

Ici l'imposante unanimité des suffrages commande l'admiration. Ce ne sont pas seulement les grands qui rendent hommage aux vertus de Valentine; les humbles et surtout les malheureux nous apportent de touchants témoignages, bien convaincants. Jamais le *Vox populi, vox Dei* ne fut plus justifié. L'humble violette avait beau vouloir se cacher, le parfum de ses mérites la trahissait. On la citait comme un modèle, on l'entourait de respect et de sympathie.

« Ce n'est ni le génie, ni le glaive, ni l'amour qui mesurent l'élévation de l'âme, s'écrie Lacordaire, c'est la bonté. » Or, la bonté, cette qualité morale qui porte l'homme à faire le bien, à être humain, indulgent, miséricordieux, rayonnait du cœur de Valentine comme d'un foyer incandescent.

Toujours prête à se dépenser sans mesure, elle était, nous l'avons déjà constaté, au service des pauvres, des affligés, de tous ceux, amis ou indifférents, qui avaient besoin d'une aide matérielle ou morale.

C'était discrètement, sans ostentation, loin des regards, qu'elle poursuivait, infatigable et silencieuse, sa tâche de consolatrice. Ses lèvres, closes pour le blâme, s'ouvraient volontiers pour l'éloge ou l'encouragement. Elle avait horreur de ces conversations futiles et dangereuses dont la malveillance fait tous les frais : « Chacun de nous a ses défauts, disait-elle, à quoi bon rechercher ceux d'autrui? Mieux vaut nous appesantir sur les nôtres et tâcher de nous en corriger. » Elle connaissait la valeur d'un bon conseil, d'une sage réprimande et se prémunissait contre la flatterie, ce dissolvant des bonnes qualités. Persuadée que la louange est souvent une aumône, tandis que la vérité constitue un hommage, elle désirait qu'on la lui fît entendre et l'accueillait avec reconnaissance; de même c'était toujours avec une noble indépendance qu'elle disait sa façon de penser.

On recherchait son amitié, parce qu'on la savait sûre et fidèle; mais elle ne la prodiguait pas : ceux qui en étaient l'objet le méritaient réellement ; toutefois elle se montrait affable à l'égard de tous : la politesse est la fleur de la charité.

Avec des qualités si aimables, Valentine ne pouvait qu'être appréciée.

Quand elle parut dans le monde, elle reçut l'accueil le plus flatteur. Elle avait une taille majestueuse, un teint éclatant, une opulente chevelure et des yeux d'un charme indicible. Il suffisait qu'elle se montrât quelque part pour exciter une admiration dont elle était la dernière à s'apercevoir, la seule à s'étonner. On la remarquait entre toutes les jeunes filles ; elle éblouissait par sa beauté, elle charmait par sa grâce, elle édifiait par son humilité. La modestie l'entourait comme d'un voile sous lequel elle dissimulait de son mieux les riches dons que Dieu lui avait prodigués. Comme elle ne demandait qu'à passer inaperçue, elle désarmait la jalousie ; on lui pardonnait d'être belle, de détourner l'attention à son profit.

Valentine goûtait surtout, au bal, le plaisir de retrouver ses amies ; elle y apportait une adorable simplicité, une candeur angélique. Elle ne comprenait pas, dans son ingénuité, qu'on se privât de communier le lendemain d'une fête mondaine.

Elle ne fuyait pas les réunions ; elle s'y amusait, car elle était loin d'avoir le caractère triste et porté au mysticisme.

Enfant, elle avait pris part volontiers aux jeux de son âge ; jeune fille, elle ne se désintéressait point de tout ce qui se passait dans le monde ; elle aimait les relations sociales. Même pendant sa maladie, on lui faisait plaisir en la mettant au courant des nouvelles du jour, en lui donnant beaucoup de détails sur les soirées qui avaient eu lieu.

Une douce sérénité s'épanouissait sur son front, aux lignes si pures, et le plus gracieux des sourires se joua toujours sur ses lèvres.

Elle avait, en un mot, une piété bien entendue.

La perfection ne consiste point d'ailleurs à effectuer des choses extraordinaires, mais à bien faire toutes ses actions.

J'insiste à dessein sur le caractère de Valentine : son mérite me semblerait amoindri, si j'avais vu, dans ce cœur, dès l'adolescence, de l'aversion pour le monde ou seulement de l'indifférence ; le sacrifice de sa vie, si généreusement accompli, paraîtrait moins héroïque.

J'étonnerai peut-être en disant qu'elle aimait beaucoup les bijoux, qu'elle n'était point insensible à la séduction d'une toilette combinée avec art ; mais elle voulait surtout en voir jouir les autres. Cependant, si elle avait montré quelque recherche dans ses vêtements, qui aurait osé l'en blâmer ? La parure convenait à sa personne, d'une distinction parfaite, comme le brillant coloris sied à la fleur ; toutefois, elle ne connut jamais les atteintes de la vanité. Elle paraissait n'attacher aucun prix à tous les avantages matériels et physiques, aux honneurs, à la fortune. Dieu, après l'avoir comblée à pleines mains, lui avait fait la grâce de lui montrer le néant des grandeurs humaines, de ces hochets que la sagesse considère comme des leurres dangereux, des écueils où la vertu fait souvent naufrage.

Ils furent d'ailleurs bien éphémères les succès de cette pauvre enfant ! C'est à peine si elle eut le temps de jeter un coup d'œil furtif sur la scène du monde et sur ses plaisirs empoisonnés par tant de déceptions. La Providence l'appelait à briller dans un milieu où les triomphes sont éternels, les joies sans mélange ; mais il fallait passer auparavant par le creuset des souffrances, embrasser résolûment la croix, renoncer à tout ce qui fait ici-bas notre bonheur et mourir alors que la vie paraît si belle, à vingt-trois ans !

« La croix, dit Fléchier, est le sceau de l'alliance que les vierges ont avec Jésus-Christ. »

O bienheureuse union, Valentine vous avait contractée dans le secret de son cœur.

C'est à Jésus qu'elle donna son amour, à Jésus qu'elle
promit sa foi, à Jésus qu'elle demeura fidèle jusqu'à
son dernier soupir.

« Jésus, ô mon Sauveur, je vous prends aujourd'hui
pour mon père, mon époux, mon maître, mon ami et
mon confident. »

(Extrait de ses notes de retraite.)

Le monde n'était point le milieu où pouvait s'épanouir cette âme séraphique.

Une coïncidence étrange, peut-être même un aver-
tissement du Ciel, dut faire une vive impression sur
l'esprit de notre chère enfant et lui inspirer de graves
pensées.

Au mois de février 1890, un bal réunit l'élite de la
société. Six jeunes femmes ou jeunes filles, également
belles et distinguées, composèrent un même quadrille.
Elles étaient rayonnantes de santé, de grâce et de
bonheur ; on eût cru pouvoir leur prédire de longs
jours. Hélas ! tandis que la danse les emportait dans
un tourbillon vertigineux, l'ange de la Mort les frôla
de son aile funèbre. Deux ans plus tard, cinq d'entre
elles avaient déjà pris leur essor vers l'immortalité ;
Valentine restait la dernière pour souffrir longuement,
en vaillante chrétienne, gravir pas à pas la pénible
rampe qui conduit à la gloire, par l'abnégation, l'héroïsme et la sainteté.

VALENTINE FABRÈGE

PAR RAPPORT A DIEU

VALENTINE FABRÈGE

PAR RAPPORT A DIEU

Il me reste à remplir la partie la plus délicate de ma tâche, la plus difficile ; je sens mon courage faiblir. Comment exprimer ce que fut Valentine Fabrège à l'égard de son Dieu ? Il faudrait posséder, pour le comprendre, la ferveur d'un séraphin ; disposer, pour le dire, de l'onction de saint François de Sales ; avoir sondé, pour en juger, les replis de ce cœur généreux, avoir vu les élans de cette âme vers l'infini.

Valentine montra, dès sa plus tendre jeunesse, un vif penchant pour la piété. Elle s'oubliait de longues heures dans l'église de Maguelone ; elle en décorait les autels avec amour. Elle prenait soin des objets du culte et témoignait une grande joie quand elle pouvait y entendre la sainte messe.

A l'heure où le crépuscule ne permettait de distinguer que la lampe du sanctuaire, elle se sentait plus que jamais sous l'œil de Dieu et s'absorbait dans un profond recueillement.

Nos belles cérémonies la ravissaient d'enthousiasme.
« L'orgue parle au cœur, disait-elle, il a des accents
d'une éloquence incontestable. Il prie, il enflamme, il
transporte. »

Les chants religieux éveillaient en elle de douces
émotions; quant à la parole divine, c'était toujours
avec respect qu'elle la recueillait. Elle fit, de nos sublimes doctrines, une étude particulière. La théolo-
gie, qui paraît à bien d'autres une science aride, qu'on
étudie seulement par devoir, captivait son attention.
Le catéchisme de persévérance de Saint-Denis compta
peu d'élèves aussi zélées.

Elle aimait Dieu d'un amour pur, ardent, désinté-
ressé. Elle semblait pressentir que son existence serait de courte durée; elle a franchi cette mer ora-
geuse, les regards constamment dirigés vers le Ciel.
Voyez: dès le matin de sa vie, elle dispose tout pour
que cette laborieuse traversée la conduise à l'éternelle
patrie.

A peine descendue dans l'arène, elle envisage courageusement la lutte; elle songe à remporter la victoire; elle ambitionne le suprême triomphe. Admirez avec
quelle ferveur elle se prépare à l'acte le plus important de la vie religieuse, par quelles scrupuleuses re-
cherches elle s'éprouve elle-même. Oh! qu'elles furent ardentes ses prières à Marie, au glorieux saint
Joseph! Elle les suppliait de lui venir en aide.

Cette enfant si pure s'effrayait de son indignité;
mais quand le jour béni se leva, quand il lui fut donné
de posséder Jésus, oh! alors toute appréhension dis-
parut; seul un sentiment remplit son cœur: l'amour!

Ce jour-là, j'en suis convaincue, elle s'offrit à son
bien-aimé; elle lui jura de le servir toujours, et ce fut

dans toute la sincérité de son âme qu'elle renouvela généreusement les promesses de son baptême.

Qui pourrait dire avec quelle piété, quelle foi, elle reçut les dons du Saint-Esprit! La confirmation lui apporta un surcroît de force; on vit plus tard comment elle sut l'utiliser; quant à la crainte de Dieu, elle pénétra si profondément dans son cœur qu'on redouta pour elle, un instant, l'exagération du scrupule. Valentine avait le jugement trop sûr pour tomber dans ce travers, mais elle conserva toute sa vie cette délicatesse de conscience qui est la meilleure des sauvegardes.

Cuirassée désormais contre les dangers du monde et munie de puissants secours spirituels, elle pouvait s'engager, d'un pas résolu, dans la voie de la perfection. Jusqu'alors, elle avait eu la candeur, la douce piété de l'enfance; cela ne suffisait plus à sa généreuse ardeur. Elle voulait s'affranchir de toute servitude, se rapprocher des esprits célestes dont elle avait déjà la pureté.

Elle se fit un règlement de vie des plus édifiants; la prière et le travail se partageaient ses journées.

Elle se préoccupa surtout de trouver un guide éclairé, pieux, intelligent. Le confesseur qu'on lui avait choisi, dès son retour à la maison paternelle, était bien digne de sa confiance. M. l'abbé Besson, après nous avoir longtemps édifiés, a laissé, parmi nous, d'unanimes regrets. Elles sont nombreuses les âmes qu'il a consolées, encouragées ou ramenées au bien. C'était vraiment un prêtre selon le cœur de Dieu; mais aussi c'était, si je puis m'exprimer ainsi, l'incarnation de la mansuétude évangélique. Valentine s'alarma de cette excessive indulgence. Elle souhaitait un juge sévère

qui réprimât ses moindres imperfections, un censeur
vigilant qui poussât le cri d'alarme dès l'indice du
moindre danger. Elle voulait, non seulement être
guidée, mais encore stimulée d'une manière active.
M. l'abbé Guiraud et, après le départ de ce vertueux
ecclésiastique, le Très-Révérend Père Lazare, un des
religieux les plus éclairés de l'Ordre du Carmel, furent
les instruments dont se servit la Providence pour ache-
ver d'épurer cette âme et la porter rapidement au
sommet du Thabor.

Grâce à cette direction, tout à la fois ferme et paternelle, Valentine pénétra plus avant encore dans le
cœur de Jésus ; elle s'enivra de son amour, fit
ses délices de la prière et trouva, dans l'exercice de
la charité, un délassement quotidien. Le pain eucharistique fut son aliment de prédilection. Elle assistait
presque tous les jours au saint sacrifice, pour s'unir
intimement à Jésus, sinon de fait, du moins par la
communion spirituelle, quand elle ne pouvait participer au banquet céleste. Oh ! qu'ils étaient doux les
entretiens de cette âme avec son bien-aimé ! Quelle
tendresse ! Quelle expansion ! Valentine parlait au divin Maître le vrai langage de l'amour. Elle déposait à
ses pieds ses joies, ses douleurs, ses craintes, ses espérances ; elle s'abreuvait à la source vivifiante de la
grâce. Blottie dans le cœur de Jésus, la timide co-
lombe oubliait le monde entier. Il fallait lui rappeler
que le temps poursuit toujours sa marche implacable,
sans tenir compte de nos désirs ; elle s'arrachait
alors à cette contemplation et revenait chez elle tout
imprégnée du suave parfum qu'elle avait respiré dans
la maison de Dieu.

Elle offrait régulièrement, à la Reine du ciel, cette

couronne d'*Ave Maria* dont elle aime à se parer; elle célébrait toutes ses fêtes avec amour; enfin, ce qui vaut mieux encore, elle s'efforçait d'imiter ses vertus.

La plupart des jeunes filles se préoccupent beaucoup de briller dans le monde et du riant avenir qui les attend; Valentine se trouvait surtout heureuse au sein de sa famille. Elle avait fait, de sa modeste chambre, comme un oratoire où la Vierge de Lourdes occupait une place d'honneur. Elle ne se lassait pas de prier devant le petit autel où brûlait souvent une lampe, symbole de l'ardeur de sa foi. Il n'y avait point, pour cet autel, de fleurs assez fraîches, d'ornements assez distingués.

Le mois de saint Joseph, celui de Marie et celui du Sacré-Cœur lui apportaient des joies sans cesse renouvelées.

Oh! comme elle aimait Notre-Dame de Lourdes! Avec quelle ferveur elle l'invoquait! Elle affectionnait le séjour de Bagnères-de-Bigorre, à cause de sa proximité du sanctuaire vénéré. Il ne lui suffisait pas de visiter souvent la grotte, de boire de l'eau miraculeuse, de se plonger même dans la piscine où s'accomplissent tant de prodiges: elle ambitionnait le mérite de faire à pied le trajet de Bagnères à Lourdes. Il fallut, pour la contenter, seconder ce pieux désir; mais ses forces trahirent son courage; elle dut se résigner, cédant aux instances de son père, à monter dans la voiture qui suivait, par précaution.

Ses promenades autour de Bigorre étaient de vrais pèlerinages accomplis avec un touchant empressement. La Vierge du Bédat, dominant un panorama splendide, celle d'Asté, qui peut revendiquer une haute antiquité, le chœur de l'humble église de Baudéan, où sont enfouies des sculptures assez curieuses, rappelant les goûts naïfs du moyen âge, l'attiraient et la charmaient, en lui fournissant l'occasion de satisfaire sa piété.

Cette piété grandissait de jour en jour; pour elle, vivre, c'était nourrir constamment son âme de vérité, de charité, d'enthousiasme divin, par la prière et le sacrifice. Valentine nous parut à tous si parfaite, que nous craignîmes de la voir se consacrer à Dieu. Elle nous rassurait par des paroles empreintes de tant de sagesse, elle se livrait à la Providence avec un tel abandon, que nous n'osions pas trop insister pour connaître réellement ses intentions.

Il est certain qu'elle s'interrogeait sérieusement et ne négligeait rien pour étudier sa vocation. Elle dut souvent méditer sur cette pensée, relatée dans ses notes: « Dieu, lorsqu'il appelle une âme, commence de loin et si doucement que c'est à peine si l'âme elle-même peut dire quand elle a entendu le premier appel. »

Et cette autre, tout aussi élevée: « Chacun de nous a une barque à diriger sur la mer de ce monde; cette barque, c'est notre cœur si fragile qu'il faut conduire sous le regard de Dieu, et par la voie qu'il nous montre, au port bienheureux de l'éternité. Le chemin à suivre, c'est notre vocation ici-bas. »

Ce sujet la captive, elle l'approfondit: « Dieu dispose de trois moyens principaux pour appeler une âme à une vocation parfaite, à une vie de sacrifice, sous quelque forme que ce soit: 1° Une illumination soudaine qui attire irrévocablement l'âme dans une voie que Dieu découvre à un moment donné. Cet appel se fait entendre à la partie surnaturelle de l'être; il est très rare ; 2° Un attrait plein de douceur mais aussi d'autorité, qui incline l'âme dans une vie parfaite. Dieu, dans ce second moyen, s'adresse au cœur ; c'est celui qu'il emploie le plus fréquemment. »

« Cet attrait, pour être réel, doit avoir un triple caractère : il faut qu'il soit constant, sérieux et persévérant. 1° Il importe qu'il soit constant, car on ne peut appeler attrait une impression résidant souvent dans l'imagination et qui fait désirer une vie parfaite, dans un moment de ferveur, oublié sous peu ; 2° Sérieux, c'est-à-dire qu'on ne peut désirer une vie contemplative, ou une vie de solitude ou encore de bonnes œuvres, sans le sacrifice et le dévouement complets de soi-même à Dieu ou aux âmes ; 3° Persévérant. Cet attrait peut subir des fluctuations, mais si la pensée d'une vie bien près de Dieu apporte à l'âme de la douceur, la fortifie, lui fait du bien, on doit en reconnaître la vérité. »

« Dieu, pour appeler une âme à lui, peut s'adresser à sa raison : c'est la troisième manière ou manifestation de la grâce. L'âme se met humblement en face de Dieu ; elle considère avec calme ses aptitudes morales ou physiques, les qualités de son esprit, celles de son cœur et décide, après examen, d'entrer dans telle ou telle vocation où elle voit clairement qu'elle fera l'usage le plus utile des dons de Dieu. Il y a de ces vocations de raison, mais elles sont rares ; quelquefois il y en a qui, sans aller contre l'attrait du cœur, existent sans cet attrait ; il faut alors une énergie de volonté, un désir si intense d'aller à Dieu, malgré tout, que peu d'âmes en sont capables. »

Plus on s'appesantit sur le caractère et les vertus de Valentine, plus on est persuadé que la vie mondaine ne pouvait lui convenir. Il fallait, à cette nature d'élite, quelque chose de plus séraphique, de plus élevé. La pauvre sensitive n'était point faite pour soutenir les luttes de chaque jour ; elle ambitionnait surtout cette paix profonde qui est le partage des épouses de Jésus-Christ. La voix de Dieu avait résonné souvent au fond de son cœur ; elle se sentait appelée, toutefois un secret instinct l'avertissait que ce n'était point pour se réfugier à l'ombre des autels. Comment faire la lumière dans cette conscience troublée ? La chère enfant eut le soin d'implorer le secours d'en haut ; on a découvert, à ce sujet, une prière admirable de candeur et de simplicité qu'elle avait composée elle-même ; enfin elle s'entoura de conseils puisés à bonne source. Voici le résumé, toujours d'après ses notes, de ces pieuses consultations : « Ne pas m'inquiéter des projets que l'on fait sur moi, pour l'avenir ; car, si Dieu me veut à lui, mes parents auront ma sœur pour me remplacer. »

» Ne pas m'attrister sur ce point ; tout est possible à Dieu. Mettre mes peines aux pieds de Jésus qui saura, mieux que personne, me consoler. »

Cet acte d'abandon complet à la Providence fut récompensé : Valentine vit se calmer l'incertitude qui l'avait si fort tourmentée. Elle avait confié sa barque au Seigneur ; elle voguait désormais sans nulle crainte, sûre que le divin pilote jetterait l'ancre en toute sécurité. Elle ne changea rien à sa manière de vivre, surtout au point de vue religieux, seulement sa piété devint plus large, plus accommodante.

Quand elle atteignit sa dix-neuvième année, on la décida sans peine à faire son entrée dans le monde : le couvent n'exerçait donc plus sur elle une aussi forte attraction. Elle restait pieuse, douce et bonne, mais elle pouvait se croire appelée à devenir le modèle des épouses et des mères, la preuve, c'est qu'elle ne repoussait plus, comme autrefois, l'idée du mariage ; elle souffrait qu'on lui en parlât ; toutefois, avant de prendre une détermination irrévocable, elle invoqua le Ciel plus instamment que jamais ; elle lui fit en quelque sorte violence pour qu'il daignât l'éclairer. C'était dans les premiers jours du mois de mars 1890, Valentine avait été l'objet de nombreuses demandes ; on la recherchait, car ses qualités auraient été, pour un époux, des garanties de bonheur ; elle y joignait de plus des avantages qu'on n'a jamais dédaignés.

La plupart des jeunes gens qui aspiraient à sa main semblaient réunir aussi toutes les conditions désirables et même au delà. De familles très distinguées par le rang et l'honorabilité, ils se recommandaient encore par leur valeur personnelle, leur intelligence et leurs sentiments. Valentine ne fut point insensible à la distinction flatteuse dont elle était l'objet ; mais, avant d'engager sa parole, elle exigea neuf jours qu'elle voulait consacrer à la prière. Elle s'adressa particulièrement à saint Joseph, le suppliant avec ferveur de lui faire connaître la volonté de Dieu : « Si aucun de ces projets ne doit s'effectuer, disait-elle, poussée par une confiance admirable, suscitez un obstacle ; il sera pour nous un indice. Je me soumettrai, quel que soit l'arrêt. »

Les neuf jours s'écoulèrent, Valentine offrait alors les apparences d'une santé florissante. Moins d'un mois auparavant, elle avait, dans une brillante réunion, paru belle et radieuse entre toutes les jeunes filles.

A l'issue de sa neuvaine, elle fut prise subitement de douleurs violentes, qui éclatèrent comme un coup de foudre ; une crise terrible faillit l'emporter ; on la condamna pour toujours à l'immobilité, en attendant le repos éternel. Dieu s'était prononcé : la vierge devait suivre l'Agneau, le suivre docilement dans un chemin hérissé d'épines, voir broyer ses membres par la souffrance, en sentir l'acuité jusque dans la moelle des os, ne conserver intacts que le cœur et l'intelligence, le cœur pour aimer Jésus avec plus d'ardeur que jamais, l'intelligence pour l'adorer et le bénir encore.

Ah ! Dom Bosco fut inspiré quand il s'écria, lors de son voyage à Montpellier, en voyant Valentine, alors dans toute la splendeur de ses dix-sept ans : « Oh ! quelle âme privilégiée ! »

Oui, elle était privilégiée car Dieu lui réservait une immortelle couronne ; mais, pour la rendre plus digne de la posséder, il lui fit remporter la palme du martyre.

LE COURONNEMENT

D'UNE VIE ÉDIFIANTE

LE COURONNEMENT

D'UNE VIE ÉDIFIANTE

La religion est, en tout temps, pour la pauvre humanité, le plus inappréciable des bienfaits ; cependant le besoin de croire et d'espérer en une vie meilleure, nous l'éprouvons surtout quand une cruelle expérience nous montre le néant de celle qui, trop souvent, nous paraît à charge. On s'estime heureux, alors, d'approfondir ces paroles de Fénelon : « La souffrance est un purgatoire de miséricorde en ce monde. Quand Dieu veut se hâter d'accomplir un grand ouvrage, il fait beaucoup souffrir ; il redouble ses coups rigoureux. Oh ! qu'ils sont pleins d'amour et qu'ils épargnent, lors même qu'ils semblent écraser impitoyablement ! »

Valentine puisa, dans sa piété, d'ineffables consolations. Elle avait entendu ce conseil de l'aigle de Meaux : « La vraie disposition d'une malade chrétienne est de regarder la maladie comme un état de privation, d'un côté, et, de l'autre, de grandes grâces. »

« Dieu a vu toutes nos croix, dans son agonie ; il les a toutes bénies. » Elle accepta, non seulement avec

une sublime résignation, mais encore avec une filiale
reconnaissance la terrible épreuve à laquelle sa fidélité fut soumise. Ravie de voir se répandre sur elle des
flots de miséricorde, soutenue par les inspirations
d'une foi inébranlable, elle entra résolûment, à la suite
de Jésus, dans le sacré jardin, prit à deux mains la
coupe que son bien-aimé lui tendait et la but à longs
traits, avec une sorte de volupté, en regardant le Ciel.

Elle s'était alitée le 19 mars 1890 et vit, durant trois
ans, la souffrance consumer son corps. Les pieds qui
se dirigeaient si volontiers vers l'église et la demeure
de l'indigent étaient voués à l'inaction, les mains qui
se tendaient généreusement pour déverser l'aumône ou
qui travaillaient avec tant d'ardeur, dans un but charitable, ne devaient plus se joindre que pour la prière.

Elle n'eut pas un moment de défaillance ; jamais
ses lèvres ne murmurèrent une parole de regret pour
cette vie qu'elle allait quitter, en pleine jeunesse. Elle
ne se préoccupait que des inquiétudes de ses parents,
de leur santé ; elle s'efforçait de les rassurer sur l'issue
de sa maladie, alors qu'elle se rendait bien compte de
la gravité de son état, car elle suivait pas à pas les
progrès du mal qui la torturait ; elle restait sereine,
presque radieuse, et faisait l'édification de tous ceux
qui lui apportaient des témoignages de sympathie.

Il était bien amer le calice que devait épuiser cette
admirable jeune fille, mais Dieu avait, dans sa bonté,
placé auprès d'elle un cœur généreux qui lui prodigua
ce qu'un dévouement à toute épreuve peut inspirer de
plus touchant. Après avoir épuisé, pour la disputer à
la mort, les ressources de l'art, M. le docteur Dubrueil
déploya, pour l'aider à gravir son pénible Calvaire, la
tendresse d'un père. Elle en parcourut les phases dou-

loureuses appuyée sur cette poitrine loyale, soutenue
par la confiance illimitée que lui inspirait un incontestable mérite, bercée pour ainsi dire par cette noble affection. Mais aussi quelle gratitude débordait de son
âme pour celui dont elle était vraiment la fille adop-
tive ! Le Très-Révérend Père Lazare, qui reçut la con-
fidence de ses dernières recommandations, pourrait
nous dire avec quelle ardeur elle désirait que cette reconnaissance se manifestât encore, longtemps après
qu'elle ne pourrait plus en donner elle-même des témoignages apparents. Je dis apparents, car il en est
d'autres d'un prix inestimable, dont Dieu seul est le
témoin, qui permettent aux élus de se rattacher, par de
nouveaux liens, à ceux qu'ils aimaient ici-bas.

J'ai cru devoir me permettre de donner le pas à
M. Dubrueil, certaine de répondre au secret désir
d'une famille qui le tient en grande estime et proclame bien haut ce qu'elle lui doit, puis aussi parce que
c'est lui qui était le plus à même de soulager Valentine ; mais pourrais-je ne point insister sur l'amour,
la sollicitude, les soins dont elle fut constamment entourée par son père, sa mère et sa sœur ? Ils partagèrent
sa captivité ; chacune de ses souffrances retentit douloureusement dans leurs cœurs ; ils subirent l'effroya-
ble martyre de la voir s'enfoncer degré par degré dans
la tombe, d'assister à sa lente agonie et de se dire :
« Toute notre tendresse est impuissante à la retenir
parmi nous, à diminuer le fardeau qui l'accable ! »

Dieu sait combien cette tendresse était ingénieuse !
Que de prévenances elle inspirait ! Que de caresses,
d'encouragements, de sacrifices ! Que de sourires, alors
que des larmes brûlantes ne demandaient qu'à se faire
jour !

L'été de 1890 fut particulièrement triste pour Valentine ; la fièvre ne la quittait pas ; des crises, de plus en plus fréquentes, usaient ses forces. Sa maladie prit un tel caractère de gravité que M. Dubrueil, aussi modeste qu'habile praticien, ne crut pas devoir assumer la responsabilité du traitement à lui faire suivre et voulut s'adjoindre les conseils d'un célèbre chirurgien de la capitale. Notre chérie protesta d'abord contre cette consultation : « Quand même M. Dubrueil devrait m'ouvrir depuis la tête jusqu'aux pieds, dit-elle, je me remettrais, sans hésiter, entre ses mains et ne voudrais pas qu'il recourût à l'anesthésie. » Nulle sommité médicale ne pouvait contre-balancer, à ses yeux, la science de son bon docteur. M. et Mme Fabrège partageaient cette conviction ; ce fut donc uniquement par condescendance pour l'éminent professeur de notre Faculté qu'ils prièrent M. le docteur Terrillon de venir voir leur fille. Valentine céda, comme toujours, d'ailleurs, quand sa famille lui exprimait un désir, mais elle émit le vœu que ce ne fût pas avant le mois de novembre ; elle voulait, disait-elle, chasser de son esprit toute préoccupation, pour s'adonner entièrement à la joie de célébrer la fête de la Toussaint. Elle demandait un répit, surtout pour se préparer à entrer dans la voie douloureuse qui s'ouvrait devant elle, rompre définitivement avec le monde et s'armer contre la souffrance.

Un homme prudent, sur le point d'entreprendre un périlleux voyage, ceint vigoureusement ses reins, se munit d'un solide bâton et de réconfortants. Valentine pouvait-elle négliger ces précautions élémentaires, alors qu'elle se voyait sur la route de l'éternité ? Le ferme appui, indispensable à quiconque

veut fournir une brillante carrière, elle l'avait trouvé
depuis longtemps et lui devait son énergie spirituelle ;
il lui restait donc à puiser dans des prières plus ferventes, s'il était possible, des méditations prolongées
et surtout dans le viatique par excellence, une force
nouvelle.

Dieu, dans sa bonté, lui accorda de nombreux secours. Le T. R. Père Lazare, qui avait déjà fait tant
de bien à cette âme, redoubla de sollicitude, quand il
la vit aux prises avec l'affliction ; M. l'abbé Guiraud
la soutenait aussi, de loin, par des exhortations et des
encouragements ; une foule de personnes pieuses in-
tercédaient pour elle ; des communautés entières offraient, à son intention, des actes de vertu.

Un jour, frappée de l'inutilité des efforts de l'insensé
s'arrogeant le droit de régler lui-même sa destinée, et
s'obstinant à poursuivre cette chimère qui s'appelle
le bonheur, elle avait écrit ces mots : « L'homme a
souvent lieu de se poser ce problème, bien difficile à
résoudre, en dehors de Dieu ; il doit se dire : « J'ai été
créé pour être heureux. Hélas ! où réside la vraie félicité ? Je ne puis la trouver. » Et la conclusion natu-
turelle fut la soumission absolue à l'arbitre de l'univers. Alors jaillit de sa plume et surtout de son âme
cet acte formel d'abandon à la volonté suprême : « Je
dois, avant tout, donner mon cœur au bon Dieu, dans
n'importe quelle situation. Ensuite il faut beaucoup
prier, avoir confiance, dire à Notre-Seigneur : Me voilà,
mon Jésus, je suis votre petite servante ; faites de
moi ce que vous voudrez ; parlez, je vous écoute. »

(Extrait de ses notes.)

A l'heure de l'épreuve, Jésus, qui régnait en maître sur ce cœur, lui donna l'avant-goût de cette paix incomparable qui fait les délices des bienheureux.

Une illustre charité, que nous sommes tous heureux de bénir, fit aussi des prodiges en faveur de Valentine : Monseigneur de Cabrières, dont l'âme élevée compatit à toutes les douleurs, éprouve le contre-coup des afflictions de ses enfants, voulut bien permettre qu'on dît la messe dans la chambre de notre chère malade. Jésus vint lui-même la consoler, la fortifier.

Valentine le reçut avec un bonheur indicible ; elle était comme transfigurée ; on voyait qu'une aide surnaturelle la soutenait. Elle pouvait entendre maintenant, quel qu'il fût, l'arrêt que chacun, autour d'elle, appréhendait.

Si de terribles angoisses vinrent assaillir son esprit, personne ne s'en aperçut ; on la vit traverser, confiante et sereine, les jours d'ordinaire si anxieux qui précèdent l'instant où doit se résoudre une question d'une importance exceptionnelle.

Le Dr Terrillon fit un très court séjour à Montpellier ; il approuva, de tous points, la médication employée, se déclarant impuissant à rien prescrire de plus. La jeunesse de Valentine, une hygiène bien entendue et surtout le grand air pourraient peut-être, disait-il, avoir raison de la maladie.

C'étaient là des encouragements que rien ne justifiait, sinon le désir bien légitime de laisser un peu d'espoir à des parents éplorés.

Il fallut donc chercher une habitation tout à la fois à la ville et à la campagne, afin que notre pauvre chérie ne fût pas trop isolée, tout en se trouvant dans les

conditions désirables. Elle eut la douleur de quitter la
maison qui l'avait vue naître, cette maison dont les murs
seuls évoquaient pour elle des souvenirs à la fois tristes
et doux, d'abandonner les meubles qu'un long usage
avait rendus familiers et ces mille riens auxquels une
jeune fille attache beaucoup de prix. On ne se doute
point parfois de la place que les choses inanimées
tiennent dans notre existence. « Si je croyait encore
au bonheur, dit Chateaubriand, je le placerais dans
l'habitude. »

Ce départ fut, pour Valentine, un grand sacrifice
que d'amères réflexions rendaient peut-être plus cui-
sant. Pouvait-elle se promettre de revenir sous le toit
paternel ? Hélas ! elle était déjà si souffrante que les
quelques centaines de mètres qu'il y avait à parcourir
pour aller à la villa Lamartine constituaient pour elle
un danger sérieux. Elle y fut transportée avec des
précautions infinies ; l'excellent Dr Dubrueil l'accom-
pagnait, prêt à toute éventualité.

Il y avait à la villa, des fleurs, des oiseaux, de la
verdure, tout ce qu'aimait Valentine. L'influence de
ce milieu riant ne tarda pas à se faire sentir ; notre
bien-aimée paraissait renaître. Elle se promenait dans
une voiture très confortable — elle sert actuellement
au transport des malades secourus par l'œuvre de
Notre-Dame-de-Salut — construite d'après les indi-
cations de son meilleur ami ; elle passait une grande
partie de la journée dehors, heureuse de respirer une
brise vivifiante, d'écouter les mélodies des chantres de
la nature. Ce calme séjour lui plaisait ; il était en har-
monie avec les dispositions de son cœur. Les bruits
du monde y arrivaient comme un écho bien affaibli ;
les préoccupations frivoles, les mesquines rivalités

n'en franchissaient point le seuil. C'était loin cependant d'être une solitude : l'affabilité de Valentine et ses vertus en firent un pèlerinage assidûment fréquenté. La villa Lamartine devint le rendez-vous de tout ce que la société compte de plus distingué au point de vue du rang, du mérite et de la valeur morale.

Les philosophes venaient étudier, auprès de cette enfant, la véritable sagesse, les sceptiques y recevoir une étincelle de foi, les âmes pieuses y chercher un regain de ferveur ; elle était pour nous tous un sujet d'édification.

N'avons-nous pas entendu des fils de Mars proclamer son courage, des ascètes exalter son dédain pour la souffrance, des ecclésiastiques, blanchis au service de Dieu, admirer le stoïcisme de Valentine en face de la mort qu'elle voyait approcher lentement mais sûrement ?

« Je n'ai rien vu de plus émouvant, de plus sublime, s'écriait ce Maître de notre docte Ecole, héritier de la renommée du grand Combal, je n'ai pu retenir mes larmes en présence de la touchante résignation de cette jeune fille et de l'insistance avec laquelle, poussée par une foi des plus ardentes, elle sollicitait, un mois avant de mourir, la faveur de savoir combien de jours il lui restait à vivre. »

« Je m'adresse à vous, avait dit Valentine, d'une voix vibrante et pleine d'autorité, parce que M. Dubrueil n'aura jamais le courage de me dire la vérité ; il m'aime trop ! Or, je veux la connaître. Vous me la devez, comme chrétien et comme médecin.

» Je vous en conjure : ne cherchez point à m'endormir par de funestes illusions. La main sur la conscience, prononcez-vous, rendez-moi le plus grand des services. »

Elle parut à ce moment-là si fort au-dessus des faiblesses de la nature, que la vérité, impatiemment attendue, se fit jour, sans restriction, à travers les lèvres
de M. Grasset : il avait été vaincu par l'héroïsme d'une
frêle enfant.

Valentine dut avoir alors la vision de l'éternelle béatitude, car ses traits amaigris rayonnèrent d'une joie
céleste.

Elle désirait être renseignée sûrement pour ne point
perdre une minute de ce temps précieux. Elle ne se
trouvait pas encore suffisamment prête et pourtant !...
Dieu ! quelles doivent être les appréhensions du pécheur, si les âmes justes éprouvent de telles alarmes !
Fouillons plus avant encore dans la conscience de
Valentine et voyons si elle avait raison de redouter
le jugement dernier.

Au surplus, je m'aperçois que j'ai, emportée par la
vivacité de mon admiration, anticipé sur les événements.

« Il y a trois choses qui rendent une âme éclairée,
dit Fléchier, le recueillement, l'humanité et la charité. »

Le recueillement la familiarise avec les pensées aus-
tères, lui permet de descendre dans son for intérieur,
lui montre, comme dans un miroir toujours fidèle, ses
imperfections et lui indique les remèdes dont elle doit
user ; l'humanité la rend sensible aux malheurs de ses
frères, élargit le cercle de ses tendres sympathies ; la
charité l'ennoblit, en lui inspirant le désir d'imiter,
ici-bas, cette Providence divine dont les bienfaits se
déversent sur tous les hommes sans exception.

La piété de Valentine l'avait, de tout temps, portée au recueillement ; de même l'humanité, la charité, dans ce qu'elles ont de plus méritoire, avaient toujours guidé son cœur. Elle devait donc avoir reçu des lumières exceptionnelles ; or, une âme éclairée est une âme fervente, qui tend à la perfection, qui s'efforce d'y atteindre par tous les moyens possibles.

La soumission à la volonté divine : tel est le premier degré de la sainteté ; cette dépendance absolue suppose, en effet, la foi, la confiance et l'amour.

Valentine était, entre les mains de Dieu, si je puis m'exprimer ainsi, comme une cire molle qu'il pétrissait à son gré.

La confiance en Dieu est un des plus grands hommages que nous puissions rendre à ses perfections ; plus elle est sans réserve, plus elle l'honore et plus elle attire sur nous d'abondantes grâces.

Valentine s'abandonnait entièrement à la Providence. Elle s'estimait heureuse dans une situation que tout le monde trouvait pénible. En communication permanente avec le ciel, par la prière, elle oubliait les maux de cette vallée de larmes ou plutôt elle ne s'en souvenait que pour se réjouir d'avoir quelque chose à offrir à Jésus.

Une fois installée à la villa, elle avait tiré le meilleur parti possible de sa triste existence. Elle lisait beaucoup, elle brodait, peignait ou cousait, quand elle pouvait rester sur son séant. Toutes ses après-midi étaient consacrées aux personnes qui désiraient la voir ; son cœur aimait à s'épancher dans de longues causeries.

La politesse est la traduction extérieure de nos pensées et de nos sentiments intimes : Valentine se montrait, ce qu'elle était en réalité, foncièrement bonne.

Elle recevait avec beaucoup de tact et trouvait le moyen d'adresser à chacun des paroles aimables. Son esprit, vif et enjoué, savait donner à la conversation un tour intéressant. Elle excellait à placer chacun sur le terrain qui lui convenait, à permettre à tous de jouer un rôle actif dans la conversation ; elle s'informait avec sollicitude des nouvelles des absents, si bien que la plupart des personnes qui venaient la voir, pouvaient se dire en la quittant : « C'est ma visite qui lui a fait le plus de plaisir. »

Elle était sensible aux témoignages de sympathie qui affluaient de toutes parts ; elle en parlait avec une douce émotion ; elle aurait voulu trouver des paroles capables de traduire ce qu'elle éprouvait.

Elle ne négligeait point les œuvres de bienfaisance dont elle s'était tant occupée autrefois ; de nombreux secours prouvaient à ses protégés qu'elle ne les oubliait pas ; mille attentions les dédommageaient de son éloignement ; c'est ainsi qu'un vieillard vit un jour son humble demeure ornée du seul tableau qui en eût jamais décoré les murs : Valentine lui avait envoyé un beau saint Joseph, vigoureusement enluminé, espérant que cette vue le porterait à la piété. Une infirme recevait de temps à autre des mets délicats ou propres à la réconforter, et cette pauvre jeune fille, qui avait elle-même si peu d'appétit, se réjouissait à la pensée que d'autres trouveraient quelque plaisir à savourer ce que sa charité leur envoyait.

Tous les mendiants que leur bonne étoile conduisait à la villa ne s'en allaient jamais les mains vides. Quand c'étaient des enfants, elle se plaisait à les interroger ; elle voulait savoir s'ils n'étaient pas trop malheureux ; elle les exhortait à aimer le bon Dieu, à le prier.

Il n'est pas rare de voir les personnes atteintes de maladies chroniques conserver, avec leurs qualités morales, leurs goûts artistiques et littéraires; Valentine eut ce privilège, mais durant la dernière année de sa vie, la difficulté de soutenir une longue lecture ayant atténué son attrait pour les lettres, elle se sentit plus que jamais portée vers cet art divin qui a la vertu d'endormir nos douleurs. On l'a dit avec raison:« Là où la parole expire, la musique commence.» Valentine semblait trouver au sein des harmonies qu'elle entendait les inspirations qui les ont créées. Elle se baignait avec ivresse dans leurs flots enchanteurs; elle s'en imprégnait pour ainsi dire, elle en saturait son être, pour le rendre moins sensible aux cruelles morsures de la souffrance.

Je me souviens d'une soirée où, plus accablée que d'habitude, elle réclama le chant mélancolique et doux de l'harmonium. A mesure que les notes se déroulaient mélodieusement sous les doigts habiles de Mme Fabrège, elle paraissait réconfortée, électrisée par ces accents si expressifs et quand sa mère s'arrêtait, cédant à l'émotion qui l'oppressait, Valentine s'écriait: « O Mère, encore, encore ! Tu me fais tant de bien !»

Une des choses qui lui apportaient le plus de bonheur était, sans contredit, la visite quotidienne de M. Dubrueil. Il venait vers onze heures, l'excellent docteur, quelque temps qu'il fît et quelles que fussent ses occupations; elle l'attendait avec impatience et l'accueillait avec une joie démonstrative qui n'avait rien de simulé : il était si bon et si paternel pour cette pauvre enfant! Elle craignait toujours qu'il ne s'imposât une fatigue au-dessus de ses forces; elle cherchait à lire dans ses yeux la moindre trace de lassitude, et s'alarmait quand elle croyait apercevoir la plus légère altération, dans une santé dont elle se préoccupait beaucoup plus que de la sienne propre.

Elle se plaisait à rappeler dans quelle circonstance elle avait pu juger, pour la première fois, de son dévouement. C'était tout à fait au début de sa maladie et pendant une crise aiguë; sa famille, accablée d'inquiétude, avait appelé précipitamment les deux médecins qui la soignaient d'ordinaire; ils se firent attendre. On courut alors chez M. Dubrueil; il vint en toute hâte : « De sorte, disait Valentine, que le dernier appelé fut le premier qui se rendit auprès de moi. » Elle ne l'oublia jamais; ce fut le point de départ d'une reconnaissance qui alla toujours croissant.

Il y eut bientôt d'ailleurs, entre ces deux âmes, une telle affinité, qu'on n'aurait pu désigner celle qui se laissait vaincre en généreuse affection.

Il est d'autres visites qui furent aussi, pour Valentine, la source de grandes consolations : un jeune prêtre dont les débuts dans le saint ministère sont pleins de magnifiques promesses, le Très-Révérend Père Lazare, toujours infatigable, le Père Eyraud, cet éloquent orateur que nous devons à la Compagnie de Jésus et, plus rarement peut-être mais avec non moins de charité, le Père Lafon, vinrent nourrir Valentine de la parole de Dieu, lui apporter le pain des forts et lui donner cet élan suprême qui devait lui permettre de s'élever jusqu'à la sainteté.

Elle était sympathique à tout le monde; de tous côtés on faisait des vœux pour sa guérison, on lui écrivait des lettres pleines d'une affectueuse tendresse. Elles lui causaient une grande joie. Ah! c'est que parmi ces messagères de l'amitié, il y en avait de particulièrement remarquables ; j'en ai lu une entre autres, datée de l'Allemagne, et qui m'a donné la mesure de ce que peut un noble cœur pour le soulagement d'une touchante infortune.

Valentine répondait à toutes avec une amabilité qu'on n'aurait jamais soupçonnée chez une malade si gravement atteinte. Elle s'étendait avec complaisance sur les questions pouvant intéresser ; elle parlait très peu d'elle-même et de son état, à peine y faisait-elle allusion pour solliciter des prières, non en vue de guérir, mais uniquement pour qu'on demandât le salut de son âme.

Cette grave question ne cessait de la préoccuper, elle y réfléchit trois années consécutives ! Oui, durant tout ce temps, elle eut constamment présente à l'esprit la pensée du dénouement fatal qui nous met en présence du souverain juge.

La foi dissipe, aux yeux du chrétien, les ténèbres épaisses dont la mort est environnée pour l'athée : c'est le trait d'union qui relie le temps à l'éternité, la terre au Ciel ; mais, en nous donnant la certitude que tout ne s'abîme pas dans la nuit du tombeau, nos convictions religieuses éveillent en nous de légitimes alarmes. Qu'elle est redoutable cette minute où notre sort sera fixé pour toujours ! De plus, la nature se révolte contre la décomposition et l'oubli du sépulcre. Les âmes les plus fortement trempées appréhendent la mort ; comment une faible jeune fille l'aurait-elle envisagée sans effroi ? Valentine ne fut point exempte de cette crainte. Elle l'accueillit comme une amie longtemps attendue, quand de cruelles souffrances l'eurent élevée à ce degré de sainteté qui fait notre admiration ; mais, dans la force de l'adolescence, en pleine santé, elle éprouvait une répulsion instinctive pour tout ce qui rappelle, même de loin, les funérailles. Elle ne pouvait voir un employé des pompes funèbres sans tressaillir d'horreur. Quand elle fut près du Ciel, son âme se dégagea graduellement de sa fragile enveloppe ; il n'y avait presque plus rien de matériel en elle. On l'entendit s'écrier, en toute sincérité : « Je ne crains plus la mort maintenant. Elle paraît hideuse de loin ; mais combien elle est consolante, pour celui qui touche au terme de son voyage ! »

« Oh ! dites bien à ma sœur, lorsque mon corps sera froid et rigide, de ne pas éprouver la moindre frayeur. La matière sera tout à fait insensible ; l'âme, elle, aura toujours les mêmes affections.

« Que mon souvenir lui soit doux, dans les ténèbres comme à la lumière du soleil. »

La mort avait cessé de l'épouvanter, la récompense éternelle lui paraissant assurée. Vues à travers ce prisme radieux, les choses qui lui inspiraient le plus de terreur s'atténuaient, s'évanouissaient pour faire place aux consolations indicibles dont Dieu se montre prodigue à l'égard de ceux qui mettent en lui leur confiance.

Les détails les plus futiles sont des indices révélateurs, quand il s'agit d'une âme d'élite. J'ai souvent pensé au trait suivant : Notre chère malade ne marchant plus, on lui avait acheté des pantoufles qu'elle trouvait très commodes, disait-elle, parce qu'elles étaient légères et sans talons. Le nº 36, d'une grosseur inusitée, se détachait très nettement en noir, sur la semelle blanche ; cela produisait un effet assez bizarre. On plaisantait Valentine au sujet de la prédilection qu'elle montrait pour ces chaussures ; on voulait qu'elle y renonçât, car il était facile de se procurer

les mêmes avantages, sans le même inconvénient,
mais elle résistait.

Un jour, me trouvant seule avec elle, je m'évertuais
à la distraire ; tout en la caressant, je désignai le nu-
méro malencontreux : « C'est par coquetterie, lui dis-
je, que vous tenez à ce qu'il s'étale au grand jour.
C'est presque la pantoufle de Cendrillon. — Ah ! me
dit-elle, tout le monde ne voit pas les choses du même
œil. » Puis elle ajouta d'une voix grave, comme se
parlant à elle-même : « Je suis marquée pour le sacrifice. Quand on m'appellera, je ne faiblirai pas. Un peu
plus tôt, un peu plus tard, qu'importe ? » Et comme
je refoulais à grand'peine des larmes prêtes à couler,
elle reprit : « Oh ! ne me plaignez pas, chère Mademoiselle, je serai bien heureuse. »

Le divin Supplicié du Golgotha, dont elle avait si
souvent médité la passion, fut sa force, à l'heure cri-
tique où tout semble se conjurer contre notre faiblesse.

Les yeux sur son crucifix, elle bénissait les tortures
qui broyaient son corps, elle ne voulait pas qu'on in-
tercédât pour sa guérison. A un moment donné, la maladie paraissant enrayée, on caressa l'espoir de transporter Valentine à Lourdes ; elle souscrivit avec
enthousiasme à ce projet, mais c'était uniquement pour
faire ses adieux au sanctuaire vénéré. « Je ne deman-
rai pas ma guérison, dit-elle avec énergie, la sainte
Vierge fera ce qu'elle jugera convenable. »

« Pourquoi chercher à entraver les desseins de Dieu ?
N'est-il point le maître de disposer à son gré de notre
destinée ? Si je vivais plus longtemps, peut-être serais-
je moins bien préparée, dans quelques années, à paraître devant mon juge. »

« Surtout, écrivait-elle à mademoiselle Borson, cette

amie dévouée dont la sollicitude se traduisait par des lettres pleines de tendresse, ne demandez à Dieu que le salut de mon âme. »

Un saint prêtre l'ayant fortement engagée à solliciter son retour à la santé, en reçut cette réponse, digne des premiers chrétiens: « Oh! priez, Monsieur l'Abbé, priez pour que je me sauve et non pour que je guérisse. »

Cette recommandation, elle ne cessait de la renouveler ; elle était jalouse de donner à Jésus les prémices de son existence.

Longtemps auparavant, elle avait écrit ces mots, fruit de quelque retraite : « Jésus-Christ a voulu mourir, et de quelle mort! Sur la croix. Il aurait pu choisir une autre mort, mais il a préféré celle-là parce qu'elle est la plus douloureuse et, d'après saint Ambroise, parce que là tous les membres souffrent ; il n'y a pas un coin ni un recoin du corps qui ne soit atteint.

» Jésus a voulu rendre la souffrance douce.

» Pécheresse que je suis, pourquoi donc me décourager?

» Jésus est là, sur la croix. Ses bras sont ouverts pour me recevoir, sa tête s'incline pour me donner le baiser de paix ; il a voulu qu'on ouvrît son côté, pour qu'il me fût permis de m'y cacher. »

Valentine ne se doutait point alors qu'elle connaîtrait ces douleurs violentes qui semblent vouloir tout annihiler en nous ; elle avait probablement noté cette pensée pour l'opposer au découragement qui s'empare trop souvent de notre âme, quand nous constatons le peu de progrès accomplis, au point de vue spirituel, ou quand nous sentons le fardeau des vicissitudes humaines peser lourdement sur nos épaules. La Providence avait ses vues en gravant, dans le cœur de cette enfant, des paroles appelées à ranimer plus tard son courage.

Un enseignement si élevé ne devait pas être perdu.

Valentine déploya un courage héroïque pour expier ses imperfections ; elle désirait aussi contribuer au soulagement des âmes du purgatoire. Son lit de douleur était devenu comme un autel, où sans cesse elle s'offrait en sacrifice pour alléger leurs souffrances.

Les maladies qui se prolongent |beaucoup ont souvent des périodes d'accalmie ; dans un de ces moments, on vit notre bien-aimée regretter en quelque sorte de n'être plus sous le pressoir : « Je ne pourrai donc, disait-elle, plus rien offrir pour ces pauvres âmes ! »

La réparation : telle était sa première pensée, quand on lui annonçait le décès de quelqu'un.

Un jour, il y a de cela bien longtemps, nous nous promenions en voiture sur la route de Palavas. Les chevaux allaient au pas ; nous aspirions avec délices les émanations embaumées des prairies ; tout à coup notre attention fut attirée par quatre ou cinq personnes entourant un corps inerte. J'allai m'informer de ce qui était arrivé : une femme venait d'être foudroyée par une attaque d'apoplexie. C'était une malheureuse dont la vie peu édifiante ne laissait pas grand espoir de salut. Valentine m'avait suivie ; elle se jeta spontanément à genoux et récita, du fond du cœur, un *De Profundis* pour cette infortunée.

Eugénie, qui était restée dans la voiture, nous adressait des appels désespérés ; saisie de frayeur, elle ne demandait qu'à fuir au plus vite ce lugubre spectacle, mais sa pieuse sœur ne lui fit pas grâce d'un verset ; de plus, elle lui reprocha doucement sa pusillanimité.

La crainte des flammes vengeresses impressionnait Valentine depuis l'âge de huit ans; cela paraît invraisemblable, rien n'est plus exact cependant. On a trouvé, après son décès, 523 francs qu'elle avait amassés pour qu'on fît dire des messes à Notre-Dame-des-Victoires, afin de hâter son entrée dans le Ciel. Elle n'en avait jamais parlé, tout en prenant ses précautions pour que son désir fût accompli; elle thésaurisait depuis 1878, ses notes en font foi.

Elle connaissait la ferveur de ses parents et savait que les prières ne lui feraient pas défaut, mais il lui semblait que les messes dont on aurait acquitté les honoraires avec le fruit de ses économies seraient plus méritoires, attendu que cet argent représentait des privations auxquelles les enfants sont d'ordinaire très sensibles. Oh! l'oblation de Jésus, comme elle consolait son âme!

Quand elle se vit près de mourir, elle exprima le vœu que le saint sacrifice fût célébré dès qu'elle aurait expiré, si l'heure le permettait.

Après avoir montré que Valentine avait, en matière religieuse, des convictions non seulement enracinées, mais étayées par des lumières particulières, il me reste à parler de sa douceur, de sa patience et du zèle dévorant dont elle brûlait pour le salut des âmes.

« Nul ne pouvait approcher cette jeune fille sans être pénétré par un sentiment profond d'édification et de respect. Aucun de ceux qui l'ont soignée ou consolée n'a pu échapper à l'émotion poignante que commandaient cette angélique douceur et cette patience héroïque, fruits du sacrifice qu'elle avait offert à Dieu. »

(*L'Éclair*, 2 mai 1893.)

Oui, la douceur d'un ange, la patience poussée jusqu'à l'héroïsme, telles sont les vertus que nous admirions tous comme une floraison extraordinaire, vu les circonstances dans lesquelles on les vit se produire ; le plus souvent, les souffrances aigrissent le caractère au lieu de le perfectionner; seuls les saints en tirent un parti avantageux.

« Je ne sais pas distinguer, dit Bossuet, entre les effets de la tentation et ceux de la maladie; mais ce que je sais très certainement, c'est que l'une et l'autre font partie du contre-poison et du remède que le médecin de nos âmes tire de nos maux et de nos faiblesses. »

Valentine usa du remède avec reconnaissance ; or, c'est là un sentiment qu'il est aussi doux d'éprouver que d'inspirer. Il entretient dans notre esprit le souvenir affectueux du bien qu'on nous fait. Quand la reconnaissance a Dieu pour objet, les épreuves qu'il envoie perdent de leur amertume, les épines s'émoussent, le sacrifice devient moins pénible ; l'âme en retire de grands avantages ; le corps même y gagne, car l'impatience décuple nos maux.

Pour Valentine, la maladie devait être le gage du salut ; elle en était persuadée et se trouvait privilégiée.

Au lieu d'envier le bonheur des jeunes filles qu'elle voyait marcher dans un sentier semé de roses, elle pensait à celles qui étaient infirmes et s'estimait très heureuse d'avoir conservé l'usage de tous ses sens : « Oh! disait-elle, je me résignerais avec peine à être aveugle. Ne plus voir la lumière du soleil, ne plus contempler les traits de ceux qu'on aime, quel supplice!

Il est vrai que la Providence proportionne toujours ses grâces à l'étendue de nos besoins. »

En dernier lieu, la souffrance ayant pris possession de son être tout entier, on l'entendit prononcer les admirables paroles que je n'écris point sans émotion, tant elles m'ont impressionnée :

« Je n'ai plus que la tête de libre, mais je remercie le bon Dieu de m'avoir laissé la plénitude de mes facultés. Penser à Jésus, le glorifier et le bénir, quelle joie ! »

La prière est un moyen puissant de sanctification ; Valentine en avait retiré de merveilleux effets. Les vertus les plus méritoires lui étaient familières. On pourrait fournir de nombreuses preuves de sa mansuétude ; en voici une qui a bien sa valeur. Un jour, on lui avait ordonné, pour atténuer d'intolérables souffrances, l'application d'une mixture à base d'opium. Elle en attendait les effets avec anxiété ; mais, ô surprise ! ce médicament détermina de violentes douleurs. La pauvre enfant ne pouvait y résister ; on examina ce prétendu calmant : c'était un vésicatoire ! Le pharmacien qui devait exécuter l'ordonnance étant absent, son élève avait commis une erreur déplorable. Valentine étouffa ses plaintes et n'eut alors qu'une préoccupation : recommander à son entourage de ne pas ébruiter cette funeste méprise, de crainte de porter préjudice à celui au nom duquel on l'avait faite.

Il y a une amitié chrétienne que la philosophie humaine ne comprend guère parce qu'il faut, pour l'apprécier, être familiarisé avec les choses d'un ordre supérieur : c'est l'association de deux âmes qui mettent en commun leur foi, leurs prières et s'élèvent ensemble vers Dieu, retirant de cet appui mutuel un surcroît de force.

Valentine avait eu le bonheur de rencontrer sur sa route un de ces ecclésiastiques qui, semblables à la lampe du sanctuaire, brillent d'un vif éclat devant le Seigneur. Avec cette pénétration qui nous surprenait très souvent, notre chère malade eut l'intuition des vertus solides et, en particulier, de la ferveur qui se dissimulaient sous le voile de l'humilité. De son côté aussi, le prêtre eut le pressentiment qu'il y aurait, entre cette âme et la sienne, une communication intime qui le réjouirait. Valentine avait, avec lui, de longs entretiens dont elle retirait de grandes consolations. Elle ne se lassait point d'entendre cette voix douce et persuasive lui parler du Ciel; mais elle ne se montrait point égoïste et s'intéressait vivement aux œuvres de l'apôtre qu'elle voyait si zélé pour le service de Dieu.

Une sorte de pacte fut même scellé par une promesse : le prêtre devait prier pour que la volonté de Dieu s'accomplît en Valentine et cette vertueuse enfant s'engageait, en échange, à demander que la Providence bénît son ministère et lui procurât la satisfaction de faire beaucoup de bien. «C'est moi qui suis favorisée, dit-elle, Monsieur l'Abbé, mes faibles prières sont loin d'avoir le mérite des vôtres. Je ne guérirai pas, mais vous pouvez beaucoup pour mon salut. »

Valentine était insatiable en fait de secours spirituels, tant elle se croyait indigne, par elle-même, de la justification : le propre des consciences délicates est de se juger sévèrement. Elle éprouvait le besoin d'appeler à son aide tous ceux qu'elle savait lui être dévoués.

Elle avait, d'ailleurs, toujours recherché la société des personnes versées dans la piété, pour se réchauffer, en quelque sorte, à leur contact, s'inspirer de leurs actes et s'élever à leur suite.

Un jour, il vint à la villa un de ces hommes dont les sentiments honorent l'humanité, un de ces chrétiens qui ne transigent jamais avec leur devoir et rehaussent encore, par leur prestige personnel, si nobles qu'elles soient, les fonctions qu'ils exercent.

Valentine le vénérait; il l'avait souvent édifiée; on eût dit cependant qu'ils se rencontraient pour la première fois. A plusieurs reprises, elle attacha sur lui un regard pénétrant, mélancolique et doux comme une muette prière.

Cette insistance fut remarquée.

« Souvenez-vous de moi aux pieds de Jésus, semblait dire la vaillante enfant. Je touche au terme de mes épreuves, mais les derniers combats sont les plus rudes. »

Peut-être aussi voyait-elle la beauté de cette âme et s'abîmait-elle dans une contemplation bien faite pour la captiver; j'incline à le croire, car Dieu accorde souvent des lumières surnaturelles à ceux qu'il s'apprête à couronner. La souffrance, la résignation et l'amour avaient déjà mis sur le front de Valentine l'auréole de la sainteté; dans son cœur, les sublimes privilèges qu'elle confère.

Nous eûmes, le jour même de sa mort, une preuve éclatante des révélations dont notre chère malade était favorisée. Les symptômes avant-coureurs du dénoûment fatal se succédaient avec une effrayante rapidité. La pauvre mère, impuissante à comprimer la violence de son chagrin, se lamentait. Il fallait dissimuler autant que possible la cause de ses larmes.

M. Besson s'était endormi, la veille, dans le Seigneur ; on dit à Valentine : « La santé de M. Besson inspire des craintes sérieuses ; madame votre mère en est affligée. — Allons donc! s'écria-t-elle avec vivacité, comme pour protester contre ce pieux mensonge. Je voudrais bien être à sa place. Je le vois dans la gloire.» D'où lui venait cette certitude? Comment surtout avait-elle appris ce décès qu'on lui avait caché pour lui épargner l'émotion d'une pénible nouvelle? Très peu de personnes pénétraient dans sa chambre; aucune d'elles n'avait violé la consigne rigoureuse approuvée d'un commun accord.

J'ai fait allusion à l'ardente charité de Valentine pour les âmes ; qu'il me soit permis d'en donner un faible aperçu.

Parmi les nombreuses relations de M. Fabrège, se trouvait un officier, esclave de l'honneur, estimé de ses chefs, et dont la bravoure s'était manifestée sur maint champ de bataille. Il avait reçu le bienfait d'une éducation chrétienne, mais ses croyances ne survécurent point à la vie des camps. De cruelles déceptions, achevant l'œuvre, le rendirent sceptique. C'était une intelligence dévoyée, mais en même temps un homme du monde, poète à ses heures, parfait gentleman toujours.

Il subit le charme indicible que Valentine exerçait inconsciemment sur tous ceux qui étaient les témoins émus de son héroïsme. Il rendait hommage à la haute raison de cette enfant; elle était pour lui une sorte de problème insoluble. Il se plaisait auprès d'elle ; il sentait que cette atmosphère si pure, tout embaumée du parfum des vertus les plus méritoires, le régénérait.

Cette patience inaltérable, ce courage qui lassait la souffrance elle-même, cette douceur exquise, furent une révélation. Il comprit qu'une seule chose peut nous rendre heureux, même au sein des plus cruelles infortunes : les divines espérances qui nous consolent en nous montrant et le terme et le prix de nos douleurs.

Valentine avait lu dans l'âme où les orages entassèrent longtemps ruines sur ruines ; elle ne craignit pas de soutenir, pour l'éclairer, de longues controverses ; elle les provoquait au besoin. Elle lui dépeignait, avec la chaleur et la conviction que donne une expérience consommée, la bonté de Dieu, sa miséricorde infinie, la joie sans mélange que l'on goûte à son service ; elle lui démontrait que, pour être vraiment noble et digne, l'homme doit s'incliner devant la Majesté souveraine ; elle l'obligeait à reconnaître que les États les plus florissants, les familles et les individus les plus honorables, sont encore ceux qui professent les saintes doctrines auxquelles nos aïeux furent toujours redevables de leur force et de leur gloire. Son silence même était d'une éloquence irrésistible.

Telle est la puissance de la vérité, que ce philosophe matérialiste, dont le cœur semblait inaccessible à toute influence religieuse, fut ébranlé par l'exemple qu'il avait sous les yeux. Il écoutait attentivement ce langage persuasif ; il se dépouillait peu à peu du scepticisme, fruit amer de l'incrédulité. Semblables à des fantômes mis en fuite par l'apparition d'une soudaine clarté, les dangereux sophismes qui avaient séduit son esprit s'évanouissaient.

Valentine put caresser l'espoir d'un triomphe défi-
nitif ; malheureusement les caprices de la Fortune, en
assignant à l'officier une autre résidence, le livrèrent
encore à lui-même et faillirent tout compromettre.
Mais, après avoir apprécié les fortifiantes pensées
que Valentine lui avait suggérées, pouvait-il en perdre le souvenir ?

S'il est une mère de famille ayant recouvré le bonheur, une épouse dont le foyer, moins souvent désert,
semble devenu l'asile de la paix, elle le doit à l'ascen-
dant incontestable de la vertu, à la piété d'une angélique jeune fille.

Faire des conquêtes spirituelles, quelle belle mission ! Comme Valentine en comprenait l'importance et
le mérite ! Son zèle d'apôtre se manifestait sans relà-
che, de toute manière. Des secours matériels, distri-
bués avec intelligence, lui ouvraient le cœur des malheureux ; elle en profitait pour réveiller des sentiments
atrophiés par la misère ou le désespoir. On se laissait
convaincre par tant de mansuétude ; on revenait à la
religion qui traite en frères ceux que l'égoïste impiété
méprise et fuit comme des parias.

Pour moraliser la classe ouvrière, égarée plus que
jamais par de pernicieuses propagandes, Valentine
distribuait un grand nombre de scapulaires, de livres
et de médailles ; souvent même c'était ainsi qu'elle re-
connaissait une faveur obtenue, une grâce particulière.
Lorsque M. Dubrueil et M. Terrillon se prononcèrent
contre l'opportunité d'une opération chirurgicale que
la pauvre enfant redoutait, elle se livra aux transports
d'une joie délirante. Saint Joseph avait recueilli ses
larmes, entendu le cri de son cœur ; elle était délivrée
de l'obsession qui la tourmentait jour et nuit : cent

médailles, publiant ce bienfait, iront apprendre aux
indigents la confiance que doit leur inspirer le glorieux époux de la Sainte Vierge.

La piété de Valentine lui suggérait mille expé-
dients pour arriver à ses fins édifiantes, faire du bien
à ceux qui la soupçonnaient le moins de se préoccuper
de leur salut et les atteindre, même lorsqu'ils paraissaient hors de sa portée.

M. et Mme Fabrège ayant réuni quelques amis à
leur table, elle fit placer près d'un ecclésiastique une
personne qu'elle désirait voir marcher d'une allure plus
rapide parmi les chrétiens militants. « Je compte sur
vous, avait-elle dit à son collaborateur improvisé, persuadée que votre tact et votre charité opéreront des
merveilles. Il est de notre devoir de saisir l'occasion,
unique peut-être, qui s'offre à nous. Frappez à la porte
de cette âme ; elle n'ouvrira pas immédiatement, mais
elle se souviendra de vos paroles et Dieu les rendra
fécondes. » Elle suivit avec un vif intérêt la petite
scène qu'elle avait préparée. Il fallait la voir encou-
rager le prêtre par des sourires approbateurs, tendre
l'oreille pour saisir des lambeaux de conversation et se
réjouir du succès de son ingénieux stratagème !

Ce zèle dévorant ne fut même point amorti par les
tristesses de l'agonie. Quelques heures avant de quitter
cette vallée de larmes, apprenant que la chambre
d'un domestique, nouveau venu dans la maison, était
dépourvue d'objets de piété, elle recommanda expres-
sément qu'il y eût désormais une image de la Reine
des anges et un crucifix.

Tout ce qui est grand, généreux, l'attirait, la charmait. Dieu avait mis dans son cœur des aspirations immenses vers le beau idéal, l'infini : « Toujours plus

haut ! » disait-elle par ses paroles et par ses actes. Elle
ne se plaisait que dans les régions supérieures, dans
celles où tout est pur et radieux. L'ombre même du
mal la mettait sur la défensive. Elle ne s'attardait
point à rechercher quel degré de culpabilité entraîne-
rait un acte de faiblesse ; sa conscience repoussait ins-
tinctivement tout compromis avec ce qui lui paraissait
défectueux : le lis ne s'incline jamais vers la terre ; il
dresse vers le ciel ses pétales immaculés.

Valentine conserva toujours avec un soin jaloux
l'intégrité de son innocence. La modestie éclatait dans
sa tenue, dans son langage, et jusque dans le vif in-
carnat que la moindre émotion provoquait. Sa candeur
virginale commandait le respect ; on n'eût jamais osé
hasarder devant elle une parole un peu légère. L'impression générale était qu'on se trouvait en présence
d'un ange ; quant à Valentine, elle croyait avoir encore
beaucoup à réformer en elle, et travaillait sans cesse
à détruire ce qui lui semblait incompatible avec l'amour
ardent que Jésus est en droit d'attendre de l'âme qui
s'est donnée à lui.

Elle avait souvent entendu vanter par son père la
magnifique devise du Comte de Montalembert : *Ne
peur ne espoir* ; elle se l'était appropriée comme la
vraie loi du chrétien. Rien par crainte, par intérêt, ambition ou vanité ; tout par Dieu et uniquement pour
Dieu ! Elle enviait la pureté des anges, la ferveur des
séraphins, les mérites des martyrs. A l'heure décisive,
Jésus la trouva, non point seulement résignée, forte et
soumise, mais enthousiaste et sublime. Crucifiée, elle
ne songeait à la terre que pour s'en détacher ; à l'éternité, que pour la mériter.

Que ne puis-je décrire ses entretiens avec son Bien-

Aimé, dépeindre ses transports quand elle s'unissait à lui par la sainte communion, montrer avec quelle générosité l'héroïque enfant accomplissait les sacrifices les plus douloureux!

La plupart des chrétiens sont capables de supporter patiemment, en esprit de pénitence, une épreuve de peu de durée ; mais quand les coups succèdent aux coups, l'absinthe au fiel ; lorsqu'il faut, des années entières, rester sur l'arbre de la croix, se détacher de tout, excepté de la souffrance et de l'amour de Dieu, se voir mourir jour par jour, heure par heure, oh! alors, une vertu surhumaine me paraît nécessaire. Je frémis en songeant aux combats qu'il faut soutenir pour arriver à ce degré de perfection, et je comprends que M. Grasset n'ait pu retenir ce cri : « Mademoiselle, vous êtes une sainte ! » Tous ceux qui ont eu le bonheur d'approcher Valentine pendant sa longue maladie ; ceux qui, plus heureux encore, ont pu juger, en toute connaissance de cause, de l'élévation et de la noblesse de cette âme d'élite, sont unanimes à reconnaître qu'elle présentait les caractères de la sainteté.

Et, avec cela, quelle modestie, quelle humilité!

Dans le monde, Valentine avait constamment recherché la dernière place, fui les honneurs, redouté d'être mise en évidence, aimé l'ombre discrète qui voile à tous les regards les qualités et les vertus ; maintenant elle s'étonne qu'on puisse la supporter, qu'on ne se lasse pas de lui prodiguer de tendres soins ; elle s'attendrit sur les privations qu'elle impose à sa famille ; elle s'indigne qu'on la trouve malheureuse, qu'on lui attribue des mérites exceptionnels, et c'est de bonne foi qu'elle déclare avoir beaucoup à expier. Trop innocente pour redouter le souverain Juge, elle n'ose cependant espérer le Ciel : « Mon bonheur m'épouvante, disait-elle souvent. Dieu m'a comblée de grâces et de faveurs. Il m'a donné des parents qui m'adorent, des amis pleins d'indulgence et de bonté.

» Je pourrais être malade et, par surcroît, pauvre et abandonnée ; je suis entourée comme une reine, choyée au delà de toute expression. Quel terrible compte j'aurai à rendre ! Plus on a reçu, plus on doit. »

Pourrait-on attribuer ces paroles à une enfant sevrée de tous les plaisirs, contrariée dans ses goûts et dans ses habitudes, séparée du monde dont elle ne connaissait que les dehors séduisants, réduite à n'avoir d'autre horizon, elle si passionnée pour les merveilles de la nature, que les murs de sa petite chambre ou de son jardin, clouée sur un lit de douleur, abreuvée d'amertume moralement et physiquement ! Quelle austère leçon pour les ingrats qui murmurent contre la Providence !

On s'abuserait fort si l'on soupçonnait Valentine d'avoir manqué de sensibilité ; si l'on pouvait supposer que cette abnégation complète lui ait moins coûté qu'à toute autre jeune fille. Ce serait méconnaître et le caractère de cette admirable enfant et le mérite de son immolation. Oh ! elle fut atteinte dans les fibres les plus profondes, car ce n'était point une de ces natures indifférentes et froides sur lesquelles glissent pour ainsi dire les afflictions. Sa douce physionomie ne trahissait pas l'intensité de son martyre, ses lèvres restaient muettes et sa poitrine comprimait de légitimes sanglots ; mais combien elle était navrée en songeant à cette mère si tendre, à ce père si aimant, qu'il faudrait laisser dans la douleur, à cette sœur dont la vie, si intimement liée à la sienne, serait bri-

sée par cette séparation, aux rêves dorés qui avaient
charmé son adolescence et — pourquoi ne le dirais-je
pas? — à sa jeunesse flétrie dans sa fleur, à l'effrayante perspective qui ne lui laissait aucune illusion !
Oui, elle a cruellement souffert, car elle a connu les
regrets déchirants, les tristesses du découragement,
les meurtrissures de la lutte, les angoisses de Geth-
sémani ; elle les a connus et c'est ce qui fait sa
gloire.

Elle avait beau vouloir chasser les visions douloureuses qui l'obsédaient, déployer ses ailes pour s'arracher au monde ; elle ne parvenait pas toujours à domp-
ter les révoltes de la matière, ou plutôt elle y parvenait
difficilement ; chaque victoire était le prix de courageux
efforts.

Un jour, obéissant à je ne sais quel secret désir,
elle voulut revoir la dernière toilette qu'elle avait
portée au bal. Elle la regarda quelque temps sans rien
dire ; puis elle ferma les yeux, des larmes perlèrent
au bord de ses longs cils ; mais ce ne fut qu'une surprise, elle recouvra promptement toute son énergie :
« Emportez cela, dit-elle. Je suis bien faible et bien
lâche : cette vue me fait mal. » La pauvre enfant
se réfugia dans la prière ; son trouble s'apaisa : les
rayons bienfaisants de la grâce dissipent les orages
du cœur.

Notre chère Valentine avait souvent des enfantil-
lages qu'excusait son inaction forcée.

Dans ces moments de détente, il lui arrivait de demander ses bijoux. On les étalait sur son lit ; elle
les faisait miroiter entre ses doigts, étinceler au soleil ;
elle les essayait ; elle voulait en parer Eugénie :
« Comme tu es bonne, lui disait-elle, de te prêter à

tous mes caprices! On redevient enfant, quand on est malade. Je crains de t'importuner. Que dois-tu penser de cette bizarrerie? » Pour toute réponse, Eugénie la serrait dans ses bras, la couvrait de baisers; puis l'inventaire continuait sans lasser Valentine, car elle voyait se dérouler devant elle une partie du passé : ce bracelet rappelait un joyeux événement, cet autre un charmant voyage; cette bague, une attention maternelle; cette épingle, le goût artistique de son père. Mais la pauvre enfant éprouvait quelquefois combien il est douloureux d'exhumer de touchants souvenirs; elle remettait alors précipitamment les joyaux dans leurs coffrets, comme si elle avait eu hâte de fuir une tentation dont elle comprenait tout le danger. L'évocation des joies évanouies peut-elle atténuer nos souffrances? Valentine y trouvait sans doute l'occasion d'acquérir de nouveaux mérites, mais elle sentait qu'il ne fallait pas trop prolonger l'épreuve; elle était cependant de force à la supporter. Nous connaissons l'empire qu'elle avait sur elle-même, la domination qu'elle exerçait sur toutes ses facultés : elles devaient se plier à la grande loi du devoir et lui servir d'auxiliaires pour glorifier Dieu. Peu de jeunes filles ont poussé aussi loin l'esprit de sacrifice, l'amour de la pénitence, l'immolation de la volonté, la sainte folie de la croix.

Le 22 novembre 1889, fête de sainte Cécile, Valentine s'était jointe aux élèves du Sacré-Cœur pour prendre part à des réjouissances où la charité trouvait son compte, puisque les pauvres devaient en bénéficier. Il y avait une grande variété d'attractions. Ici s'étalaient de gracieux éventaires, là se distribuaient des billets de loterie; plus loin, une sibylle inoffensive offrait des devises. Valentine en prit une ; or le hasard lui adjugea précisément la seule qui pût lui convenir :

UNE JEUNESSE ÉTERNELLE.

Vous êtes, dit-on, jeune et belle.
Bon ! bon ! Mais pour combien de temps ?
Je vous souhaite encor mille et mille printemps
Ou mieux : la jeunesse éternelle.

Racine aurait désavoué ces vers, mais ils résument, en quelques mots, la destinée de Valentine, destinée radieuse, tout ensoleillée à son aurore, sombre et douloureuse au déclin, pour devenir rayonnante de gloire et de bonheur.

Parfois le touriste, faisant l'ascension d'un géant de granit, mesure du regard la route parcourue, puis les nombreux lacets dont les anneaux se déroulent devant lui ; il se demande alors si, jusqu'au bout, ses forces le serviront.

Parvenue presque au terme de ma tâche, je veux, moi aussi, jeter un coup d'œil en arrière, ensuite envisager froidement ce qu'il me faut tenter encore.

Cette rapide esquisse fera-t-elle connaître Valentine ? Hélas ! non, car bien des traits restent dans l'ombre. Ai-je parlé entre autres de la discrétion exquise qui lui faisait considérer comme autant de dépôts confiés à sa loyauté les secrets qu'elle surprenait ? Ai-je dit un mot de son inépuisable charité pour ses domestiques ? L'ai-je montrée leur rappelant leurs obligations, les remerciant de leurs services avec cette douceur ineffable qui embaumait toutes ses paroles ?

Ai-je insisté sur l'horreur que lui inspiraient, dès l'enfance, le mensonge, la dissimulation et la plus légère souillure? Devais-je révéler, moi qui n'ai point qualité pour cela, les austérités auxquelles cette pieuse enfant se livrait? Il m'eût été facile d'entrer dans certains détails caractéristiques, de dévoiler d'autres vertus, mais il est des choses que l'on déflore même en les effleurant d'une main légère.

Ce tableau véridique est donc nécessairement incomplet.

Puis-je me flatter du moins d'avoir placé Valentine dans un cadre digne d'elle? Ah! je suis loin de le croire : les joyaux précieux méritent de superbes écrins.

C'était une de ces radieuses figures qui semblent appartenir beaucoup plus au Ciel qu'à la terre, et réaliser le type idéal rêvé par l'artiste et le penseur, un composé de tant de charmes séduisants, de perfections, de suavité, que le langage humain se déclare impuissant à les exprimer. Il est d'ailleurs bien difficile de suivre Valentine jusque sur les hauteurs où son âme planait; elle défie toute description; elle échappe à toute analyse.

Il aurait fallu donner à cette ébauche imparfaite le fini, la touche délicate qui spiritualisent la matière et lui impriment le sceau du génie; il faudrait surtout déployer maintenant les inspirations d'une âme de feu, les richesses d'un brillant coloris pour peindre les derniers moments de Valentine, la faire voir en possession de la béatitude éternelle, exalter son bonheur et rendre grâce au Dieu qui nous l'a proposée pour modèle. Loin de moi la pensée d'être à la hauteur d'une telle mission! «Les grandes douleurs sont muettes », dit Bossuet ; la mienne, aussi intense que le premier jour, se traduit par des larmes. Devant le cercueil de ma Valentine bien-aimée, elle n'a point d'accents pathétiques, mais des regrets et des sanglots.

Je serai donc très sobre de détails et n'ajouterai qu'une bien faible note au concert de louanges qui, de toutes parts, a salué en Valentine l'héroïsme du sacrifice chrétien, le triomphe de l'amour divin.

Au mois de décembre 1892, il y avait près de trois ans que notre chère malade endurait le supplice de l'immobilité, sans que l'état général parût avoir empiré. Elle entretenait d'ailleurs avec soin autour d'elle l'illusion et l'espérance ; sa physionomie trahissait rarement les assauts qu'elle soutenait. Nous vivions tous, sinon dans une complète sécurité, du moins confiants dans l'avenir : il nous paraissait impossible que Dieu ne fît pas un miracle en faveur d'une famille si édifiante, d'une enfant adorée, pour laquelle tant de ferventes prières montaient vers le Ciel ; d'autre part, la nature trompe quelquefois les prévisions de la science.

Oh ! le joyeux anniversaire de la naissance de Jésus, comme il fut dignement célébré à la villa Lamartine ! Les fleurs, les bougies, les suaves harmonies de l'orgue, les cantiques naïfs ou sublimes, tout fut mis à contribution pour recevoir le Roi des rois, car il vint dans cette nuit bénie où l'univers entier chante le *Gloria in excelsis*. Sa charité le fit descendre dans la crèche de Bethléem ; son amour le conduisit auprès de la vierge dont les aspirations tendaient vers lui et qui pouvait, elle aussi, déposer devant son berceau de l'or, de l'encens et de la myrrhe.

Longtemps après que l'auguste sacrifice de nos autels eut été consommé, le doux visage de Valentine gardait encore l'empreinte du bonheur qui avait inondé son âme.

L'aurore de la nouvelle année se leva ; c'est, dans toutes les familles, le signal des épanchements et des tendresses. On fêta Valentine ; ses parents, ses amies la comblèrent d'attentions délicates ; elle ouvrit elle-même généreusement les trésors de son cœur. Hélas ! ce fut sa dernière joie sur la terre. L'horizon s'assombrit chaque jour davantage, la croix se fit de plus en plus lourde. La mort inexorable allait s'abattre sur la pauvre victime ; mais, avant de rompre le lien fragile qui retenait l'âme captive, elle devait épuiser sur ce corps si chaste les tortures de la souffrance : Valentine n'avait-elle pas demandé à Dieu de lui faire effectuer son purgatoire en ce monde? Il fallait qu'elle accumulât rapidement les mérites d'une longue existence, que la grâce opérât son dernier prodige et que l'admirable enfant s'élançât d'un seul bond dans les célestes parvis. Dieu fait épanouir les fleurs avant de les cueillir; celle-là devait briller à jamais d'un incomparable éclat.

Chose étrange: l'enveloppe corporelle semblait participer à ce perfectionnement, car même lorsque la maladie se fut acharnée sur Valentine, quand ses coups multipliés l'eurent marquée des stigmates de la souffrance : le cercle bleuâtre autour des yeux, la pâleur qui s'étend sur les traits amaigris, la décoloration des lèvres purpurines, l'alanguissement de l'être tout entier, même alors elle était encore si ravissante, qu'un homme du monde en fut douloureusement impressionné. « Oh ! dit-il, je ne voudrais pas l'avoir revue ! Il est navrant de penser que tant d'amabilité, de grâces et d'attraits vont s'engloutir dans le tombeau ! »

Elle restait belle, mais de cette angélique beauté qui rend l'âme toute rêveuse parce qu'elle évoque des visions séraphiques : le souvenir des Agnès, des Eulalie, des vierges, hosties vivantes de Jésus, qui, après l'avoir glorifié sur la terre, font retentir les cieux d'éternelles louanges. On aurait dit que Valentine avait déjà franchi le seuil de la sainte Jérusalem. Elle n'avait plus que quelques pas à faire pour y pénétrer, et nous nous flattions de la conserver encore longtemps ! Janvier et février s'écoulèrent sans ruiner complètement cette espérance ; bien que des crises alarmantes eussent, de loin en loin, ébranlé notre conviction, en somme les progrès du mal paraissaient peu sensibles.

Un jour notre chère malade s'éveille secouée par d'étranges frissons. On croit à un simple refroidissement, à quelque accès de fièvre ; M. Dubrueil, lui, a le cœur brisé ! La catastrophe dont il a prévu toutes les phases va se produire. Il ne s'agit pas d'un accident : c'est le suprême effort du mal si longtemps combattu, si souvent enrayé ; nous assistons au commencement de la fin.

Voilà Valentine contrainte désormais à la réclusion, au silence absolu, à l'isolement complet ! Adieu la nature printanière, les fleurs qu'elle adorait ; adieu les amies dont les visites charmaient sa captivité ! Elle est si faible, si impressionnable, qu'elle ne peut ni entendre les voix les plus douces, ni se délecter de la présence des êtres les plus chers. En vain redouble-t-on de soins et de tendresse, rien ne la soulage ; on ne saurait même l'approcher sans lui ôter de cet air qui suffit à peine à sa respiration. Tout la fatigue, la moindre lumière, le parfum le plus suave, le bruit le plus léger. Il faut consigner à la porte les intimes et fermer la chambre aux rayons du soleil. Pauvre Valentine ! Dès le lendemain de sa vingt-troisième année, elle est ensevelie vivante dans une chambre obscure et, pendant cinquante-trois jours d'insomnies et de souffrances, seule sans illusions possibles ni espérances humaines, seule en face des pensées les plus lugubres, ou plutôt en présence de Dieu qui l'appelle et que son âme brûle de rejoindre.

Jamais cependant elle ne fut plus résignée, mieux préparée à la volonté de la Providence, plus animée de l'amour divin. Elle ne trouvait un peu de paix que dans la parole de vie ; elle n'aspirait qu'à se nourrir du saint viatique ; elle souriait à la mort qui, en la faisant passer des rives désolées de la terre aux rivages enchanteurs du Ciel, assurerait son union définitive avec son Bien-Aimé. Elle voyait, dans sa fin prématurée, une faveur exceptionnelle. Aurait-elle déploré sa destinée, alors que Dieu la voulait avec Lui et pour Lui ? Elle puisait au contraire, dans cette certitude, un courage, une félicité dont les natures vulgaires ne peuvent soupçonner l'inspiration.

Bien portante, Valentine n'avait pas prodigué les marques extérieures de sa piété ; mais elle n'avait cessé d'être en communication avec Dieu par le cœur et la volonté ; sa ferveur grandit en raison même de ses épreuves. Admirez-la : plus elle avance dans cette voie douloureuse, plus elle est héroïque. La prière, qu'on a merveilleusement définie la respiration religieuse de l'âme, la prière soutient ses forces défaillantes. Comme dans un pénible voyage on est impatient d'arriver au terme, elle soupire ardemment après la réalisation de sa vocation surnaturelle. La hideuse Parque est trop lente à son gré; elle s'informe avec anxiété du temps qui doit s'écouler encore avant son arrivée. Elle arrache le secret de son état aux maîtres de la science, aux ministres de Dieu. Impossible de se soustraire à ses pressantes sollicitations. Aux phrases évasives, elle réplique à brûle-pourpoint, en tendant le petit crucifix suspendu à son cou : « Jurez-le moi! » Son regard scrutateur déconcerte; elle lit la réponse dans le silence, l'hésitation et le trouble de celui qu'elle interroge. Comment ne serait-on pas subjugué par cette inflexible douceur, par cette autorité magique de l'innocence et de la force morale!

Dans ses entretiens avec les prêtres, les rôles sont intervertis : c'est elle qui leur rappelle leur devoir de lui dire toute la vérité, de la préparer à mourir. Elle invoque les droits de la conscience intéressée à ne se faire aucune illusion, relève le courage du confesseur et l'édifie par son humilité.

« L'Église a créé, dit Mgr Bougaud, une science de la mort qui a, comme toutes les sciences, ses degrés élémentaires et ses degrés sublimes. Elle apprend à ne pas la craindre, à la regarder en face, à l'accepter avec courage au lieu de la subir avec effroi, à s'élancer même au-devant d'elle, à l'aimer comme une libératrice et une amie. » Valentine dut à la vivacité de sa foi cette suprême consolation. Elle était parvenue au sommet de son Calvaire; vue de cette hauteur, combien la terre lui paraissait misérable! Aux confins de l'éternité, les nuages se dissipent, les voiles qui couvrent l'immuable vérité se lèvent insensiblement, les désirs s'enflamment à mesure qu'ils avancent vers la jouissance du souverain bien et l'âme enthousiasmée va se perdre dans les abîmes de la gloire.

Valentine avait pesé toutes ses actions au poids du sanctuaire; la crainte de Dieu, qui les avait réglées, se transformait en sécurité; Jésus la récompensait des épreuves vaillamment supportées, des sacrifices si généreusement accomplis; les anges la regardaient avec complaisance, la proclamant leur sœur, impatients de la prendre sur leurs ailes, pour la transporter dans le séjour de l'éternelle joie. Valentine, au comble du bonheur et dans l'épanouissement d'une radieuse jeunesse, avait été, pour tous, un sujet d'édification; mais Valentine, sur le point de mourir, l'était bien plus encore! A moins d'être frappé d'aveuglement, impossible de ne pas se demander quelle force soutenait cette enfant, quelle puissance la rendait si courageuse, quel sublime espoir donnait à son front tant de sérénité.

« Notre religion ne croit pas à l'existence des anges, s'écriait un vénérable vieillard qui lui avait voué une sorte de culte; cependant l'exemple que j'ai sous les yeux me contraint de l'admettre. »

Valentine savourait déjà les ivresses du triomphe. Elle avait maîtrisé la souffrance, surmonté les terreurs que lui inspiraient autrefois les funèbres apprêts, brisé de ses propres mains toutes les entraves, aussi la voyons-nous reposer, dans une paix profonde, sur le cœur de Jésus.

Dès le 9 avril, elle dicte ses dernières dispositions, à l'insu de ses parents, de peur de les contrister.

Ce fut le dernier gage de sa piété filiale; son amour

y revêt une touchante délicatese. Elle veut entourer son père et sa mère des consolations de l'amitié ; elle pleure sur leur propre douleur.

Ennemie du faste et du luxe, elle exprime le vœu que ses obsèques soient de la plus stricte simplicité, qu'on en écarte le pompeux étalage, bon, tout au plus, à flatter l'orgueil. Une robe blanche, le voile et la ceinture de sa première communion, telle sera sa parure. Elle emportera, comme une sauve garde, la croix qui ornait sa poitrine en ce jour béni et son chapelet. Il ne faut pas que les employés des pompes funèbres la ternissent par leur contact ; elle ne veut que des cœurs sympathiques autour de son cercueil. Ce sont des orphelines, de fidèles serviteurs, des amis de longue date qui auront le douloureux privilège de la transporter à sa dernière demeure. Elle les désigne tous, et, parmi eux, le vieux Jean qui, depuis vingt-cinq hivers, est au service de sa famille.

Elle demande un grand nombre de messes pour le repos de son âme ; elle destine ses bijoux à l'ornementation de l'ostensoir de Maguelone ; elle désire que sa chère église possède un monument de sa piété envers saint Joseph et que la bonne religieuse qui, durant trois années, lui a prodigué des soins si dévoués, aille porter à Lourdes l'expression de sa reconnaissance.

Quelques jours plus tard, elle complétait ce testament par un codicille intime où se trahissent l'excellence de son tact, de son jugement et de son cœur. Nous ne relèverons qu'un seul détail bien touchant : persuadée que son père voudrait suivre, tête nue, sa dépouille mortelle, elle le conjurait de se couvrir « parce qu'il pourrait prendre mal. »

Valentine avait hâte d'épuiser toutes les faveurs de

l'Église ; or nulle part cette tendre mère ne se montre plus généreuse et plus puissante qu'à l'heure décisive où l'âme dit le suprême *Fiat*. Notre chère malade aborda franchement, le 11 avril, avec son père, ce pénible sujet. La résignation chrétienne, soutenue par la foi, s'élève au-dessus des faiblesses de la nature ; mais combien c'est déchirant d'arracher de son cœur, même pour la déposer entre les bras de Dieu, une enfant adorée! M. Fabrège voulait retarder quelque temps encore cette immolation ; il cherchait à rassurer Valentine. « Que me servirait de vivre plus longtemps, fit-elle observer, ne faudrait-il pas recommencer un jour ? Si je me rétablissais, je me perdrais peut-être, alors que j'ai eu largement le loisir de me préparer à quitter cette vie. D'ailleurs, l'extrême-onction ne me fera pas mourir plus vite. » On ne pouvait opposer aucune objection à ces édifiantes et viriles paroles. « Mon enfant bien-aimée, dit le pauvre père en s'efforçant de commander à son désespoir, veux-tu que ton pieux désir soit satisfait ce soir même ?» — «Non, répondit-elle, pas aujourd'hui mais demain mercredi, consacré à saint Joseph. » Ce jour-là, elle manifesta le délire de l'enthousiasme, déclarant que c'était le plus beau de sa vie. Ses parents essayaient de la calmer, craignant que cette effervescence n'usât ses forces, hélas ! bien affaiblies. « Mais je n'ai jamais été plus tranquille ! disait-elle. Tâtez mon pouls. Vous voyez bien que les sacrements ne tuent pas. » La fièvre, en effet, semblait avoir disparu, domptée par l'énergie de cette âme vraiment maîtresse du corps qu'elle animait. Quand on lui apporta le viatique et les saintes huiles, elle supplia humblement sa famille et ses serviteurs réunis autour de son lit, d'oublier les torts qu'ils pouvaient avoir à lui reprocher, déclarant qu'elle pardonnait de même à tous ceux qui lui auraient fait de la peine. Elle exalta la bonté de Dieu et fit à sa volonté sainte un acte d'abandon qu'elle devait renouveler bien des fois encore.

« De cet art de bien mourir, s'écrie un éloquent prélat, l'Église ne donne pas seulement au chrétien la lumière, elle lui donne la force. Elle touche de son doigt consacré les yeux du mourant pour les fermer doucement aux choses de la terre et les ouvrir aux clartés célestes. Elle oint ses pieds et ses mains pour les débarrasser de la poussière de la route ; son cœur pour le fortifier et l'animer au dernier combat. »

Valentine le sentait bien, c'est pourquoi ses traits rayonnaient d'allégresse au milieu de l'appareil si triste de la mort.

Ce que le monde appelle le réel n'est que l'apparence, la transition ; l'idéal, l'invisible, voilà la vraie réalité.

Le voisinage du Ciel plongeait Valentine dans un ravissement inexprimable. A mesure que le prêtre lui faisait les saintes onctions, elle avait conscience de la métamorphose qui s'opérait en elle. Le vase d'argile allait se briser ; l'âme, devenue libre, s'élancerait vers l'infini ; aucun obstacle ne la séparerait plus désormais de son Dieu. Quelle ivresse !

Son rêve eût été de quitter ce monde le 19 mars, fête de saint Joseph. Ayant survécu à cette date, elle crut en être dédommagée le 22 avril. « Ne croyez-vous pas, dit-elle, qu'il serait doux de mourir cette nuit, entre le samedi qui est le jour de la Sainte-Vierge et demain, dimanche, fête du patronage de saint Joseph?» Elle fut encore déçue dans son impatience.

Le bon Père Lazare pensait qu'elle résisterait au moins jusqu'au 1er mai.

« Je consens bien à vivre jusque-là, dit-elle, mais je mentirais si j'affirmais que je suis résignée à attendre plus longtemps. »

Valentine alliait toutes les délicatesses à la religion des souvenirs. Elle avait la dévotion spéciale des fêtes et des anniversaires domestiques. Le 27 avril, on ne songeait certes point, autour d'elle, à fêter la Saint-Frédéric ; elle offrit à son père un bouquet, s'excusant de n'avoir rien pu lui préparer. Eugénie avait envie d'un parapluie à pomme d'or ; elle voulut le payer de sa petite bourse et le lui remit le 1er mai, devançant de deux jours l'anniversaire de la naissance de cette sœur chérie. Avertie de sa fin prochaine, elle prenait ses précautions pour que tout fût réglé comme elle le désirait.

Le dimanche, 30 avril, elle reçut encore les sacrements et la bénédiction particulière du Souverain-Pontife ; ce fut alors une explosion de gratitude et de joie.

Une de ses préoccupations avait été de savoir si les indulgences plénières accordées par Urbain II à ceux qui dormiraient le dernier sommeil sous les voûtes de Maguelone étaient encore valables. Dans son codicille, elle avait prié son père d'approfondir cette question. La grâce nouvelle et spéciale dont l'honorait le Saint Père faisait plus que de consacrer d'anciennes faveurs.

Comme une lampe dont la clarté va déclinant et ne projette qu'une lueur vacillante avant de s'éteindre tout à fait, Valentine agonisait depuis près de deux mois ; mais les dernières semaines furent particulièrement douloureuses pour elle et pour siens. Le sourire

s'était figé sur ses lèvres décolorées ; un souffle hale-
tant s'échappait avec peine de sa poitrine oppressée ;
elle n'avait même plus la force de répondre aux baisers
de ses parents et ne conservait un reste de vie que pour
ressentir, dans toute leur intensité, ses inénarrables
souffrances. Il fallait se priver de la voir, s'éloigner de
sa couche, alors qu'on eût voulu pouvoir s'y fixer.
Seule, la présence du prêtre la ranimait en lui parlant
du Ciel. Quel supplice pour son père, pour sa mère,
pour sa sœur ! Le soir, quand ils la quittaient, ils
se demandaient en frémissant comment ils la re-
trouveraient le lendemain, et, lorsqu'une plainte trou-
blait le silence de la nuit, ils tressaillaient d'épouvante,
ils accouraient pour lui faire un rempart de leur tendresse.

Le 30, elle semblait aller un peu mieux ; elle s'unit
à Dieu par la sainte communion. La nuit fut assez
calme ; son père et sa mère la veillèrent tour à tour, à
son grand regret, car elle se reprochait leurs insomnies
et leurs fatigues ; elle ne cessait de les inviter à se reposer.

Le 1er mai, dès l'aube, de graves indices annoncè-
rent que le dénoûment fatal était proche ; on craignait
qu'elle ne restât dans une syncope. Elle se réveille
soudain avec une rare énergie, une vigueur extraordinaire ; elle parle d'un ton d'autorité qui semble
l'écho d'une inspiration céleste. Elle fait venir la
femme de chambre et lui lègue ses vêtements ; puis
elle lui donne des conseils empreints de la plus haute
sagesse ; de même elle adresse quelques paroles d'édification et d'encouragement au cocher Johanny ; elle
leur rappelle, à l'un et à l'autre, le néant des grandeurs et des biens terrestres devant l'égalité dans la

mort et la prédestination de tous aux mêmes joies du Paradis. Elle fait, à son père, à sa mère, à sa sœur, des adieux d'une tendresse inexprimable.

Les sublimes élans de son cœur alternent avec de touchantes invocations et d'ardentes prières où s'exhalent sa foi, son humilité. Autant de mots, autant de sentiments de piété ; autant de soupirs, autant de transports de pénitence.

La voix est revenue, la respiration devient libre ; on peut croire à une résurrection. Hélas ! c'est le chant du cygne qui va donner la note sublime de la piété filiale et de la charité chrétienne. Pendant plus d'une heure, en effet, Valentine ravit sa famille, ses amis, le saint et zélé Père Jésuite qui l'assiste avec un dévouement tout paternel, en l'absence du Père Lazare. Son langage, d'une douceur ineffable, a l'accent des prophètes, l'onction d'un être surnaturel. Sa physionomie s'illumine des feux de la grâce, son regard s'enflamme aux noms de Jésus, de Marie et surtout de Joseph à qui elle rappelle sa prédilection.

Une nouvelle crise se produit : ainsi qu'un pauvre oiseau repliant ses ailes atteintes par le plomb meurtrier, Valentine retombe inerte et blême, les paupières closes, affaissée sur son lit de douleur. Tout à coup, elle ouvre les yeux, rassemble ses forces, saisit la petite croix qu'elle avait toujours sur la poitrine et la tendant à sa mère : « Maman, dit elle, d'une voix vibrante de tendresse, je t'aime bien ! » Pauvre enfant ! elle voyait l'immense douleur qui allait broyer ce cœur maternel ; elle lui montrait, avant de mourir, la source de toute consolation, Jésus-Christ, l'éternel soutien, l'ineffable espérance. C'est comme si elle avait dit : « Mère, ne pleure point ; nous nous reverrons au

Ciel. Quand ton courage faiblira, songe à Marie debout au pied de la croix, à Marie à laquelle on demanda aussi le sacrifice de son enfant. « Mère, je t'aime bien ! » Que de choses dans ce peu de mots !

Une de ses dernières paroles à Eugénie résumait aussi, en sa pensée, toutes les tendresses que sa sœur lui avait prodiguées et le désir intense d'en obtenir la promesse qu'elle se consacrerait au bonheur de leurs parents bien-aimés : « Eugénie, toi qui as le cœur si généreux, conserve-toi à Papa et à Maman. »

Oh ! que Valentine était admirable lorsque, dans les affres de l'agonie, elle s'oubliait pour ne songer qu'aux siens ! Qu'il était beau de la voir les envelopper d'un regard où semblait se condenser toute son affection, les réunir dans une suprême étreinte en s'écriant : « Comme nous nous aimons ! » les bénir de la main ou de la croix, bénir aussi les domestiques agenouillés, presser contre son cœur, avec une confiance affectueuse, l'image sacrée du crucifix, la couvrir de baisers, chanter un hymne de reconnaissance et d'amour !

La terre disparaît sous ses pieds ; on sent qu'elle monte vers le séjour de toute paix ; une sérénité céleste brille sur ses traits, transfigurés par les approches de l'immortalité.

Ses parents, affolés de douleur, s'efforcent de reculer le moment fatal où le sacrifice sera consommé : « Ne me retenez pas, soupire Valentine, laissez-moi partir ! »

Elle n'avait cessé de regarder la pendule, comme sous l'empire d'une idée fixe : craignait-elle de rendre le dernier soupir avant d'avoir dit adieu à M. Dubrueil ? Appréhendait-elle, pour son cher docteur, le déchirement de la séparation ? Ce qui est certain, c'est qu'elle pensait à lui. Soudain, il entre, vers onze heures et demie, suivant son habitude. M. Fabrège se précipite à son cou, en s'écriant : « Elle n'attend que vous pour nous quitter ! » A l'instant même, Valentine incline doucement la tête, sans pousser le plus léger soupir. Son âme venait de s'envoler, l'ange était monté au Ciel !

Peu de morts furent plus prévues ; aucune ne produisit une aussi grande émotion ; ce fut en ville un véritable événement. Cette jeune fille, exilée du monde, qui n'aspirait qu'à être ignorée, était le sujet de toutes les conversations et d'unanimes regrets.

Qui aurait pu demeurer indifférent à une telle catastrophe ? Qui n'eût voulu contempler cette martyre vénérée comme une sainte ? Admirons-la dans cette chambre transformée en chapelle, où l'on se rend comme au sanctuaire de la vertu, sur ce lit où elle semble trôner dans la splendeur de l'innocence et la majesté de la mort. Elle est parée pour les noces éternelles.

Pendant deux jours la villa Lamartine ne se désemplit pas d'une foule qui veut apporter le tribut de ses larmes. On vient s'agenouiller devant cette dépouille sous laquelle on croit voir palpiter l'âme d'une prédestinée. Ce corps si chaste ne donne pas le plus léger signe d'altération, les membres conservent toute leur souplesse.

De tous côtés arrivent des palmes blanches et des couronnes, comme autant d'hommages à la pureté, à l'héroïsme. Des prêtres, des religieuses, des familles entières, des vieillards, des jeunes filles, se succèdent pour saluer ces restes d'une vie sanctifiée par le devoir.

On regrette beaucoup Valentine, mais on ne la plaint

pas, car on a la convictiou qu'elle repose au sein de Dieu ; on ne prie même pas pour elle, on l'invoque plutôt comme une victime volontaire de l'expiation, une protectrice.

On tient à faire toucher à ses doigts, d'un blanc d'ivoire, des médailles, des chapelets ; le soir, dans presque toutes les communautés, à l'occasion du mois de Marie, on parle de cette vie et de cette mort comme d'un grand exemple, d'une admirable leçon.

Valentine était morte le lundi, 1ᵉʳ mai, ses obsèques eurent lieu le mercredi.

Faut-il s'étonner qu'elles aient eu le caractère d'une ovation ? Ce fut moins un lugubre défilé qu'une marche triomphale. La ville entière était là : toutes les classes, toutes les conditions sociales mêlées et confondues dans un même deuil. On avait voulu sympathiser à une grande douleur et surtout honorer une belle âme qui s'était dérobée au monde, mais qui le dominait par le prestige et l'apostolat de ses héroïques souffrances, par la sublimité de sa fin édifiante. Sur tout le parcours, la foule se découvrait avec émotion et respect. Monseigneur de Cabrières qui avait contribué, dans une large mesure, à soutenir le courage de Valentine en lui accordant d'inestimables faveurs, avait tenu à l'honorer jusqu'au bout : Sa Grandeur daigna présider le service funèbre.

Après l'absoute, le corps fut transporté à Maguelone, accompagné par un grand nombre d'amis. Il repose au milieu des évêques, dans la chapelle de la Vierge, devant l'autel, comme un lis au pied de la croix.

La mémoire de Valentine pourrait-elle s'évanouir, sa pensée nous quitter jamais ? Pour nous, elle n'a point

cessé de vivre ; d'ailleurs la mort du juste n'est que le
signal d'un nouveau développement ; il plane à la fois
et sur la terre et dans le Ciel.

Dieu a couronné Valentine ; ici-bas, les hommes lui
ont décerné les honneurs du triomphe. Le jour même
de sa mort, l'*Éclair* publiait quelques lignes émues,
hommage bien mérité auquel nous avons tous applaudi ;
la *Croix Méridionale* revendiquait à son tour le privilège de répandre au loin l'éloge de la vierge chrétienne dont l'Église et notre cité sont fières ; une foule
de personnages éminents et distingués ont jonché sa
tombe de fleurs ; enfin, le 1ᵉʳ mai 1894, une lettre ano-
nyme, en nous apportant l'écho de la profonde vénération que Valentine inspirait, nous a donné la certitude que la chère enfant exerce encore un fructueux
apostolat.

MADAME,

Le pauvre sonnet ci-joint ne rend que fort mal la
profonde et sympathique émotion inspirée à son auteur
par la mort si touchante, si chrétienne de votre angélique enfant. Il a été fait aux heures de votre désolation,
alors que vous la gardiez endormie au milieu des premières fleurs du printemps, plus pâle et plus belle,
dans le calme de son repos, que les roses blanches qui
l'environnaient.

J'apprends — incidemment mais avec une réelle satisfaction — que des mains amies recueillent pieusement
les précieux souvenirs du passage sur la terre de *Celle*
qui vous sourit maintenant du haut du Ciel, et je me
décide, Madame, à vous adresser ces lignes. Bien certainement mon humble épi ne saurait figurer dans les

magnifiques gerbes qui vous sont offertes. Mais vous
voudrez sans doute glaner encore dans le champ des
souvenirs aimés, champ moissonné déjà et cependant
toujours fécond pour vos yeux maternels.

Vous apprendrez volontiers peut-être que l'exemple
donné devant la mort par une jeune fille que tant d'attraits eussent pu rattacher à la vie a été salué, recueilli
avec admiration, non pas seulement par vos amis et par
vos proches, mais encore parmi ceux-là même qui vous
sont probablement inconnus, et c'est ce qui m'encou-
rage à vous adresser, Madame, ces méchants vers,
avec l'expression de mes très tardives, mais très sin-
cères et respectueuses condoléances.

                                    2 mai 1894.

SOUVENIR DU 2 MAI 1893

Vous pleurez ! et pourtant le Paradis ouvert,
Sur votre toit chrétien envoyant ses phalanges,
Recevait avec joie, hier, parmi les anges,
Votre enfant rappelée après avoir souffert.

D'un reflet idéal son front vierge est couvert,
Ses doux yeux d'ici-bas ne verront pas les fanges,
Sa voix qui, du Seigneur, vous disait les louanges,
Expire dans l'élan du sacrifice offert !

Ah ! lorsque tout en Elle était grâce et jeunesse,
Rêvant son avenir, votre immense tendresse
Du calice de vie enlevait tout le fiel.

Et vous ne songiez point que son âme immortelle
Pour notre pauvre terre était cent fois trop belle,
Que Dieu la réclamait pour les noces du Ciel !...

                                    2 mai 1893.

MAGUELONE

MAGUELONE

Il n'est pas de contrée, si sauvage soit-elle, qui n'ait sa légende ; pas de vieux castel, d'antique abbaye, de majestueuse cathédrale auxquels ne se rattache une ballade, un conte fantastique ou chrétien. Partout subsistent des traditions épiques, touchantes ou pieuses, aussi vivantes que le lierre qui s'accroche aux ruines et dissimule, sous un manteau de verdure, les injures du temps. Ici, on redit avec terreur les sinistres exploits d'un géant altier ; là, l'imagination populaire fait revivre la fée bienfaisante qui apparaissait jadis dans les nuits mystérieuses ; plus loin, un ermitage, perdu au fond d'une affreuse solitude, perpétue la mémoire de quelque obscur bienfaiteur de l'humanité. Mais c'est surtout le long des grèves battues par les flots de l'Océan et sur les rivages ensoleillés de la Méditerranée, que l'on retrouve la légende aux souvenirs effrayants et lugubres, mélancoliques et doux, suivant qu'elle a vu le jour sur la terre des druides ou non loin de la gracieuse Téthys.

Sur notre littoral, là même où s'élevait autrefois, autour d'une vaste basilique, une ville aujourd'hui disparue, le voyageur « épris de recueillir les fleurs de la pensée humaine que reflètent les monuments anciens » (Xavier Marmier) peut jouir des charmes de la légende la plus poétique.

Il sera frappé tout d'abord par la beauté d'un site grandiose, digne de servir de cadre au vénérable édifice qui, depuis quinze siècles, se dresse au milieu des eaux, comme un phare protecteur, et proclame la foi de nos aïeux. Des ossements blanchis, les vestiges encore imposants d'un cloître et d'un hôpital, des pierres tumulaires sous lesquelles dorment d'illustres prélats feront résonner tour à tour à ses oreilles le cliquetis des armes, les saintes psalmodies, tout en lui rappelant cette glorieuse épopée où Charles Martel, de pieux évêques et des pontifes vénérés jouent un rôle si important.

Il sera saisi — tous ceux qui visitent Maguelone éprouvent cette impression — du sentiment, à la fois suave et triste, que provoquent ces ruines majestueuses au pied desquelles les vagues viennent se heurter et mourir. Après avoir entendu leur muet langage, il voudra connaître sans doute l'origine de cette église, si riche en nobles souvenirs. Pas un pêcheur, pas un paysan ne l'ignore ; tous lui narreront avec enthousiasme la touchante idylle qui charma leurs jeunes ans.

Tout est gracieux, tout est pur dans le roman de Pierre de Provence et de la belle Maguelone, fille du roi de Naples. Ils personnifient et symbolisent, à travers les âges, la fidélité de l'amour chevaleresque et chrétien.

Maguelone, séparée brusquement de son fiancé,

plongée dans les angoisses de l'incertitude, se réfugia,
pour endormir sa douleur, dans la pratique de la charité. Elle bâtit, dit la légende, un hôpital où elle se
consacra nuit et jour, sous la livrée des épouses de
Jésus-Christ, au service des pèlerins qui revenaient
de Palestine, jusqu'à ce que Dieu, ému par ses prières
et par ses larmes, la réunit au vaillant chevalier dont
la pensée avait constamment occupé son cœur. Alors
se serait élevée, en témoignage de leur reconnaissance,
la nef dont la masse imposante semble défier les siècles.

Combien plus idéale encore fut la vie de cette autre
Maguelone qui releva les grâces de la terre par les
reflets de la beauté céleste et qui attend, elle aussi,
dans cette île fortunée, que son divin époux surgisse
devant elle, pour la glorifier à la face de l'univers !

La tendre jeune fille qui donna sa foi au comte de
Provence n'a jamais existé peut-être que dans l'imagination d'un poète. Ce qui est certain, c'est que l'auguste temple renferme les reliques d'une vierge qui,
après avoir provoqué l'admiration des hommes, fait
désormais le ravissement des anges.

A toutes les félicités, à tous les honneurs, elle pré-
féra l'amour de Dieu et se plut à élever laborieusement
à sa gloire le monument impérissable de sa vie exem-
plaire et de ses vertus.

Qu'elle repose près des flots d'azur, sous ces voûtes
millénaires, à l'abri des agitations du monde, dans la
joie et dans la paix du Seigneur ! Son souvenir, qui
fait couler nos larmes, ravive nos plus chères espérances.

On nous pardonnera de répéter ici, en lui donnant
une plus large extension, ce que nous avons dit au dé-

but de cette humble biographie: puisse la douce figure
de Valentine se réfléchir dans nos cœurs, ainsi que
la vieille cathédrale dans le miroir des eaux. Qu'elle
y vive à jamais, cette image radieuse de la pureté, de
la candeur et de la beauté célestes !

TABLE

TABLE

www.ingramcontent.com/pod-product-compliance
Lightning Source LLC
LaVergne TN
LVHW052029060726

842528LV00002B/688